CW01662070

L'auteur

Florence Laporte est une passionnée des plantes, des arbres et des traditions celtiques. Formée en naturopathie et phytothérapie, elle transmet depuis de nombreuses années son expérience à travers des animations et des stages sur les plantes sauvages médicinales et comestibles et les arbres maîtres. Guide nature et membre de l'Obod (Ordre des bardes ovates et druides), elle propose des stages en immersion, en pleine nature.

Avertissement

Les conseils proposés dans ce livre ne dispensent pas d'un diagnostic, ni d'un avis médical. L'usage des plantes n'est pas anodin pour votre santé. En cas de grossesse, d'allaitement ou de maladie, demandez conseil à votre pharmacien ou médecin traitant. Lisez attentivement les recommandations et les précautions à prendre. L'éditeur et l'auteur ne pourront être tenus responsables d'une mauvaise utilisation des plantes.

© 2018, Rustica Éditions, Paris
ISBN : 978-2-8153-1215-8
Code MDS : 46779
Dépôt légal : avril 2018
www.rusticaeditions.com

Florence Laporte
Illustrations : Isabelle Frances

LA MAGIE DES DRUIDES

Secrets et symbolique des plantes sacrées

Rustica éditions

LES PLANTES DRUIDIQUES 45

L'UNIVERS DRUIDIQUE

Quelle image avons-nous des druides et des Celtes ?

Nous sommes nombreux à nous être délectés des histoires d'un village d'irréductibles Gaulois qui tenaient tête aux Romains et à César. Mais les Celtes étaient-ils vraiment ces hommes et ces femmes, plutôt grossiers, prêts à se battre à la moindre occasion pour du poisson pourri ou tout autre prétexte ? Les druides étaient-ils toujours ces hommes âgés, à la barbe blanche, tenant une serpe à la main pour cueillir le gui ?

Une image faussée

Nous manquons d'informations sur la vie de ce peuple puisqu'il n'y a que très peu de traces écrites, à l'exception de celles laissées par les Romains, mais sont-elles toujours justes venant d'un peuple qui n'aimait pas les druides et cherchait à les éradiquer ?

En effet, les Romains nous ont laissé une image peu glorieuse en nous présentant les Celtes comme un peuple barbare et les druides comme des hommes de pouvoir qui pratiquaient des sacrifices humains. Pourtant, dans l'imaginaire de notre inconscient collectif, il semblerait que nous ayons une vision beaucoup plus flatteuse de ce peuple qui honorait la nature et vénérait chaque forme de vie comme faisant partie du Tout.

Les objets celtes découverts au cours de fouilles archéologiques nous montrent qu'ils faisaient preuve d'une grande créativité artistique. L'art celtique est d'une extraordinaire finesse et puise son inspiration dans la nature. Il est caractérisé par ses entrelacs qui évoquent la souplesse du végétal.

Alors, qui étaient les druides et depuis quand existent-ils ? Ont-ils vraiment disparu au cours des siècles ? Le néodruidisme repose-t-il sur un véritable enseignement traditionnel ? Autant de questions sur lesquelles les avis des historiens divergent sur beaucoup de points…

Quatre périodes

Pour Philip Carr Gomm, auteur, formateur et responsable de l'OBOD (Ordre des bardes, ovates et druides), l'histoire du druidisme peut être divisée en quatre périodes.

Le proto-druidisme : du commencement des temps jusqu'à environ 400 avant J.-C.

Cette période de grand brassage de la population se caractérise entre autres par une évolution lente des pratiques spirituelles, proches du chamanisme et de l'animisme, dans toute l'Europe. Beaucoup d'historiens précisent que les Celtes honoraient la Déesse. Il semble, en effet, que les druides pouvaient être indifféremment des hommes ou des femmes, contrairement à nos idées reçues, la femme ayant une place importante dans la culture celtique. C'est pendant cette période que la plupart des cercles de pierres et des sites mégalithiques furent construits, montrant de la part de leurs créateurs une immense et mystérieuse connaissance des astres, des mathématiques et des rythmes cosmiques. Ces monuments étaient le lieu privilégié de grandes cérémonies religieuses ; le plus connu d'entre eux est le cercle de Stonehenge en Angleterre.

Nous n'avons que très peu d'informations sur cette époque. Une hypothèse serait que les druides étaient les magiciens de l'Atlantide et auraient fui sur des embarcations, certains d'entre eux vers l'ouest et d'autres vers l'est. Ce qui pourrait expliquer la similitude des traditions celtiques et amérindiennes. Bien sûr, nous n'avons aucune preuve de cette vision des choses, mais elle a l'avantage de nous faire rêver…

Le druidisme de l'Antiquité : de 400 avant J.-C. jusqu'au début du Ve siècle

Pendant les derniers siècles avant notre ère le druidisme était parfaitement établi et organisé en Grande-Bretagne, en Irlande et en Gaule. Jules César décrit les druides comme une élite, des savants dans tous les domaines et dirigeant de grandes écoles. Ils sont chargés de faire régner la paix et jouissent d'un immense pouvoir. À partir du Ier siècle avant J.-C., les druides de Gaule et de Grande-Bretagne furent persécutés et massacrés par les Romains. Le druidisme entra alors dans une longue période de clandestinité. Seule l'Irlande en a été préservée…

Le druidisme clandestin : du début du Ve siècle au début du XVIIIe siècle

Après les Romains, ce sont les chrétiens qui régnèrent en maîtres et s'opposèrent farouchement au druidisme et au paganisme. Malgré tout, l'Église toléra l'existence d'écoles de bardes qui transmettaient la culture celtique sous forme de contes et de poésies. Le peuple continuait toutefois à investir les sites païens, ce qui incita l'Église à les transformer en lieux de pèlerinages chrétiens… Ainsi, au fil du temps, la tradition druidique réussit à se transmettre en se fondant astucieusement dans les enseignements et les récits chrétiens.

La « renaissance druidique » : à partir de 1717

En 1716, on annonça à Londres un rassemblement des délégués de tous les cercles druidiques existant secrètement pour le 22 septembre 1717. Ce jour-là, des délégués vinrent d'Angleterre, d'Écosse, de Bretagne, d'Irlande, prouvant ainsi que la culture druidique était encore bien présente malgré sa clandestinité. C'est alors que naquit l'Ordre des Druides (*Druide Order*), dont le rôle était de réhabiliter la tradition druidique. Le druidisme redevint ainsi un mouvement connu et respecté en Angleterre. Petit à petit, il revit un peu partout en Europe, plongeant ses racines dans une mémoire collective inconsciente et dans les enseignements qui ont traversé les siècles.

La conscience du druide, un autre regard sur la nature

Lorsque je suis arrivée en Bretagne, en 1997, j'y ai découvert de magnifiques forêts. En me promenant régulièrement dans la forêt de Fougères, j'ai senti se réveiller en moi mon « druide intérieur », qui s'est mis à vibrer à l'unisson avec les fontaines sacrées, l'énergie des arbres, la mémoire des pierres... J'ai senti qu'il était temps pour moi de redécouvrir cette dimension de moi-même. Je me suis alors inscrite à l'OBOD (Ordre des bardes, ovates et druides), pour y suivre un enseignement druidique.

C'était il y a 20 ans, et depuis ce temps je chemine avec les plantes, les arbres et la forêt dans son ensemble.

Les druides antiques

Les druides et les Celtes estimaient que l'écriture fige les événements et les enseignements, alors que la vie est toujours en mouvement et en évolution. C'est la raison pour laquelle ils ont toujours pratiqué la transmission orale de leur culture, par le biais des bardes, récitant chants et poèmes pendant des heures. Ainsi, il est impossible aujourd'hui d'avoir une compréhension totale et précise de leurs connaissances concernant le monde des plantes et des arbres. Pourtant, même si les enseignements n'ont que rarement été retranscrits par écrit, il est certain qu'au fil des siècles des informations se sont transmises et ont franchi la barrière du temps dans les récits populaires, la mythologie, et les transmissions de savoir dans les familles de guérisseurs. D'autre part, les fouilles des tombeaux celtiques nous révèlent la présence de traces de plantes dans les tombes, dans les corps ou les excréments humains. Nous avons ainsi confirmation que ces herbes étaient bien présentes dans le mode de vie des Celtes.

Nous pouvons alors puiser dans ces réserves de connaissances pour améliorer notre santé et nous inspirer de « l'esprit druidique » dans notre vie quotidienne, au cours de laquelle il est si fondamental de garder le lien avec la nature, sans nous en exclure.

Voici ce que Jules César a écrit sur les druides : « En outre, ils discutent beaucoup sur les astres, leurs mouvements, la grandeur du monde et celle de la terre, sur la nature des choses, la puissance et le rôle des dieux immortels et ils transmettent ces doctrines à leurs jeunes élèves ». Timagène d'Alexandrie, lui, nous enseigne que les druides « s'efforçaient de révéler et la force et les sublimes merveilles de la nature ».

Quant à l'homme moderne, quelles que soient ses activités, il ne peut se soustraire aux rythmes cycliques qui le mettent en correspondance avec l'univers. Nous devons prendre conscience que nous ne sommes pas des observateurs ni des touristes de la nature, mais que nous en sommes partie intégrante. C'est le rôle de l'arbre ou de la plante de nous rappeler le mouvement des saisons.

Les Celtes et les druides l'avaient bien compris, eux qui considéraient le temps comme cyclique, et non pas linéaire, nous ramenant ainsi à l'inspiration des mouvements de la vie. Nous faisons partie d'un ensemble cosmique qui nous berce au rythme des saisons, de la Lune, du Soleil, de la Terre et des différents astres. Mais l'homme a souvent tendance à l'oublier, se croyant seul au monde. Ainsi les Celtes avaient-ils établi plusieurs cérémonies dans l'année qui leur permettaient de se relier à ces rythmes naturels, notamment à chaque solstice ou équinoxe.

Une autre vision des plantes

Depuis la nuit des temps, l'utilisation des plantes n'est pas anodine. Celles-ci ont sur nous pouvoir de vie ou de mort, sont capables de modifier nos états de conscience, nos fonctionnements physiques et notre état de santé, que ce soit sur le plan physique, psychique ou émotionnel. Aussi est-il important de rester humble et d'exprimer notre respect et notre gratitude face à ce monde fascinant et merveilleux.

Il faut comprendre toute la différence entre la vision des druides qui considéraient la plante ou l'arbre comme un être vivant, doté d'un esprit, dont la simple énergie pouvait guérir ou transformer l'humain, et notre approche actuelle qui a tendance à considérer la plante comme une somme ou une juxtaposition de principes actifs chimiques et mesurables.

Il fut un temps où les arbres étaient personnifiés, honorés et remerciés de leur présence. Nous nous sommes progressivement éloignés de ces croyances et notre monde moderne commence à comprendre à quel point nous souffrons de cette distance que nous avons créée. Ainsi, même si pour certains d'entre nous ce qui va suivre semble une évidence, je rends hommage à tous les scientifiques qui travaillent sur ce sujet et remettent au goût du jour le pouvoir thérapeutique des arbres, des plantes et de la forêt.

Des découvertes récentes viennent corroborer une partie des connaissances ancestrales, et c'est toute la richesse de notre époque, car nous pouvons espérer que bientôt la science et les traditions vont pouvoir se rejoindre.

En effet, aujourd'hui, les scientifiques commencent à explorer les différentes formes de l'intelligence végétale, s'apercevant que loin d'être statiques, les plantes s'adaptent et sont capables de créer des stratagèmes particulièrement élaborés, tant sur le plan de la communication que sur celui de la transmission de leurs connaissances et de leur expérience. Même si leur fonctionnement est différent du nôtre, elles sont capables à leur façon d'entendre, de voir, de mémoriser et même de s'entraider. Elles sont sensibles au toucher et aux odeurs. C'est une nouvelle approche du monde végétal, dont les précurseurs sont, entre autres, Cleve Backster, Jean-Marie Pelt, Francis Hallé, Daniel Chamovitz, Stefano Mancuso... Une nouvelle science est née que l'on appelle l'éthologie végétale.

Parallèlement à cela, des scientifiques japonais, après étude, ont constaté les effets bienfaisants de la nature sur notre santé, dans des domaines qu'ils n'expliquent pas forcément mais qui sont mesurables. C'est la sylvothérapie, du nom latin *silva*, qui signifie bois, forêt. Le docteur Qing Li aurait ainsi démontré que de simples promenades en forêt diminuent le stress, renforcent l'immunité et la vitalité. Une balade en forêt d'environ 30 minutes fait baisser la tension des personnes souffrant d'hypertension, régularise le taux de glycémie des diabétiques, tranquillise les hyperanxieux, améliore l'humeur et la concentration, et aurait même une action préventive sur la dépression et le cancer. Des essais comparatifs ont été faits avec des promenades de 30 minutes en ville : aucun de ces résultats n'apparaît dans cette situation !

Au Japon, les « bains de forêt » sont devenus une véritable institution. La ville de Tokyo a parrainé un sentier de sylvothérapie à proximité de la ville, c'est dire l'importance que les Japonais accordent à cette pratique.

Dans son ouvrage *Blinded by science,* Matthew Silverstone a mis en évidence que la présence des arbres et des plantes peut agir sur de nombreux problèmes de santé. Il explique que des études faites sur les enfants démontrent des améliorations de leur bien-être et de leur concentration quand ils sont à leur contact.

N'oublions pas que les végétaux sont de grands alchimistes, capables de changer le dioxyde de carbone en oxygène, de transformer l'énergie du soleil en nourriture, de dépolluer l'atmosphère et, sur un plan énergétique, d'absorber nos émotions négatives et notre stress. Par leur simple présence, et sans que nous en soyons conscients, ils nous permettent de respirer et nous remettent en connexion avec l'énergie de la guérison, en nous apaisant et en nous purifiant.

De toute évidence, les druides et le peuple celte en savaient bien plus que nous sur le règne végétal. Les découvertes scientifiques actuelles auraient de quoi les faire sourire, eux qui connaissaient parfaitement les qualités de chaque espèce et ce que chacune d'entre elles était à même de nous transmettre.

Dans ce livre, chaque plante sera présentée dans son ensemble, comme un être vivant et respectable, dont notre conscience et notre attention pourraient activer tous les effets bénéfiques. Car de nos jours, la physique quantique vient nous montrer que l'observateur peut influencer le résultat et que rien n'est statique. Pourquoi ne pas envisager que les effets curatifs d'une plante ou d'un arbre seraient fonction de la conscience et de l'amour que nous allons lui porter ? Ceci pourrait justifier les différents rituels pratiqués par les druides, des pratiques que nous découvrirons progressivement dans la suite de ce livre.

À l'écoute du grand livre de la nature

Pour les druides, les arbres et les plantes étaient une source de savoir et d'inspiration, ils étaient des messagers des dieux ou de la Déesse. Car quel que soit le nom qui lui est donné, on retrouve toujours, chez les Celtes, le pouvoir guérisseur de la Déesse que l'on invoque régulièrement. Dans toutes les traditions, l'énergie féminine est très présente dans le monde des plantes ; au fil des siècles, la femme a tenu une place importante en tant que guérisseuse.

La Déesse et les divinités guérisseuses étaient invoquées pour la guérison, ce qui montre bien que les aspects spirituels étaient importants dans la culture celtique. On pratiquait également la bonne magie. La plante étant sacrée, elle recevait toute l'attention de l'ovate, en tant qu'amplificateur de ses intentions de guérison.

Les druides étaient souvent organisés en trois catégories, les bardes, les ovates et les druides. Chacun avait un rôle différent :

- Le barde, poète et musicien, était chargé de transmettre l'histoire du peuple celte et du druidisme, par le biais des poèmes, des chansons et de la mythologie.
- L'ovate était plutôt le guérisseur, qui travaillait avec les forces de la nature et pouvait également faire des divinations.
- Le druide était le philosophe, le juge ou l'enseignant, dont l'influence était importante dans la vie politique et sociale.

Les druides ou ovates lisaient à chaque instant dans le grand livre de la nature. Ils observaient les mouvements des oiseaux, la configuration des planètes, le comportement des animaux, la chute des feuilles, la forme des nuages… Pour eux l'univers entier était langage, et leur rôle était d'être à l'écoute et d'interpréter les messages de l'univers. Cela ne paraît pas si extravagant. Pour exemple, de nos jours, les scientifiques explorent la piste du comportement animal pour prévoir les séismes ou les tremblements de terre. En effet, les animaux possèdent des sens plus développés que l'être humain et semblent ressentir plusieurs jours avant les bouleversements terrestres. À l'heure actuelle et en fonction de nos connaissances, ces mécanismes ne sont pas encore suffisamment étudiés pour être vraiment fiables.

Tout comme les chamans, les druides communiquaient avec les esprits et se consacraient au service à autrui et à la guérison profonde de leur prochain. Ils étaient capables d'ouvrir les portes du temps, de prévoir l'avenir, de puiser dans la grande connaissance de la nature et dans celle de leurs ancêtres. Ils étaient des messagers des puissances naturelles. « Le druide trouve la sagesse des mondes végétal, animal et de l'Esprit, et la ramène pour le bien de tous », nous dit le druide Philip Carr-Gomm.

Le druide ou ovate était donc à la fois médecin, chaman, magicien et philosophe. Les textes classiques nous relatent que les druides pratiquaient la divination pour affiner leur diagnostic. Les états modifiés de conscience, les transes, ainsi que tous les supports de prophéties étaient sollicités pour cela. Le druide était capable de traiter les symptômes avec des remèdes, tout en invoquant les esprits et en recherchant les causes profondes de la maladie. C'est ce qu'on appellerait aujourd'hui une médecine « holistique ».

Le chemin de l'unité

S'intéresser au druidisme nous amène à considérer que la nature est un ensemble de vies, une entité intelligente et sensible, dont nous faisons partie intégrante et dans laquelle tous les êtres vivants sont en interaction.

L'arbre et la plante nous enseignent le rythme des saisons, les mystères de la mort et de la renaissance, de la transformation. Par leurs racines souterraines, entremêlées les unes dans les autres, les végétaux nous ouvrent le chemin de l'unité et des mystères du monde souterrain, le « réseau de communication de la nature », probablement encore plus puissant que le réseau Internet, s'étendant sur des kilomètres carrés, par lequel toutes les formes de vie peuvent communiquer entre elles, correspondant peut-être à l'image de ce que nous appelons notre « inconscient collectif ».

Je souhaite de tout cœur que les prises de conscience actuelles permettent aux hommes de se remettre en amour et en harmonie avec le monde vivant, pour grandir et évoluer avec la nature tout entière, dont le monde végétal. Puissions-nous ouvrir nos yeux, nos oreilles et notre cœur à cette unité parfaite.

LA LÉGENDE DE LA FONTAINE DE LA SAGESSE

Quelque part dans le fin fond de l'Irlande, existe une fontaine, entourée de neuf noisetiers de couleur pourpre. De temps à autre, quelques noisettes tombent dans l'eau, venant nourrir les saumons qui y résident. Noisetiers et saumons sont pour les druides et les Celtes les symboles parfaits de la sagesse et de la connexion à la Source.

Il est dit que quiconque boira l'eau de cette fontaine accédera à une grande sagesse et pourra lire dans le grand livre de la connaissance.

Ce puits mystérieux est alimenté par cinq petits ruisseaux. Un vieux sage, gardien du lieu, nous en livre les secrets : « Nul ne pourra boire l'eau de la fontaine de la sagesse sans avoir auparavant goûté à l'eau des cinq ruisseaux. »

Dans cette légende, très symbolique, les cinq ruisseaux représentent nos cinq sens : le toucher, le goût, l'odorat, la vue et l'ouïe. L'histoire nous enseigne que nous devons expérimenter la vie par nos cinq sens, avant de pouvoir prétendre accéder à la sagesse universelle.

L'apprentissage de la nature ne passe pas par notre mental ni par notre intellect, mais bien par notre sensualité, notre disponibilité et l'ouverture de notre cœur.

Les plantes, par leurs parfums, leurs couleurs et leurs vibrations, s'adressent à nos sens et viennent toucher notre âme.

Les pratiques druidiques : cueillette et récolte des plantes

S'il n'est pas possible de retrouver tout l'ensemble des pratiques des druides antiques, nous pouvons toutefois nous faire une idée de leur manière d'aborder leur relation à la plante et à la guérison. Dans ce chapitre, nous allons voir ensemble les différentes étapes de la cueillette et de la conservation des plantes, à la fois pour le druide antique, telles que nous pouvons les imaginer, et pour le cueilleur contemporain.

La récolte des plantes

J'attire votre attention sur le fait que tout temps passé dans la nature, à faire vos cueillettes ou à partager un instant avec des plantes ou des arbres, doit avant tout être un plaisir, un moment de détente et de ressourcement, pour vous faire du bien.

La plupart du temps, dans notre quotidien mouvementé, il y a peu d'espace pour faire des cueillettes ; chacun pourra donc déterminer ce qui lui semble juste pour lui-même. Quels que soient l'heure de la récolte, le jour ou la tenue du cueilleur, rien n'est plus important que l'amour, le respect et la gratitude. Ce sont, me semble-t-il, les aspects primordiaux de la philosophie druidique et ce qu'il faudrait en retenir. Tout au long de notre cheminement, le monde végétal nous invite à le redécouvrir, dans ses multiples facettes. C'est un langage secret, une complicité à vivre au quotidien, ô combien enrichissante !

Autrefois

Traditionnellement, la récolte des plantes chez les druides était un rituel sacré. Les récits historiques de la cueillette du gui chez les druides nous montrent bien à quel point nos valeurs se sont éloignées des leurs. Là encore, nous retrouvons cette vision de la plante en tant qu'être vivant, habitée par des esprits et en lien avec tout le restant du cosmos. Elle pouvait même être la résidence d'une divinité. Ainsi la cueillette était un moment privilégié, dont dépendait la qualité des processus de guérison.

« Les druides n'ont rien de plus sacré que le gui et l'arbre qui le porte, pourvu que ce soit un rouvre [variété de chêne]. (…) On trouve très rarement du gui (de rouvre) et, quand on en a découvert, on le cueille en grande pompe religieuse. Ce doit être avant tout au sixième jour de la Lune, qui marque chez eux le début des mois, des années et des siècles. (…) Ils l'appellent dans leur langue “celui qui guérit tout”. Ils préparent selon les rites au pied de l'arbre un sacrifice et un festin religieux (…) ».
Extrait de *Histoire naturelle*, XVI, 95 de Pline l'Ancien.

De nos jours

Revenons maintenant à notre époque et voyons ensemble quelques règles de prudence que tout cueilleur de plantes fera bien de respecter :

- Être sûr de ne pas confondre la plante recherchée avec une plante ressemblante et toxique. Certaines plantes sont toxiques, tout en ayant des propriétés médicinales très puissantes. Il faut savoir que les doses mortelles pour l'homme sont parfois proches de celles qui peuvent entraîner une guérison. Vous devez rester très vigilant et ne prendre aucun risque.

- Être bien informé sur la partie de la plante à utiliser. Certaines parties d'une plante peuvent être toxiques, alors qu'une autre partie va être bénéfique. Par exemple, le houx : les feuilles peuvent être utilisées en infusion alors que les baies sont purgatives et nous rendraient malades. J'en profite pour vous parler de certaines croyances ; on entend souvent dire que si les limaces mangent certains champignons, c'est qu'ils ne sont pas toxiques. C'est totalement faux ! Pour les plantes c'est la même chose : ce n'est pas parce que les oiseaux mangent des baies qu'elles sont bonnes pour nous.

- Dans le respect de la nature, veillez à ne pas cueillir de plantes rares et protégées. Cueillez uniquement la partie que vous utiliserez en en prélevant une petite quantité à la fois, bien répartie sur l'ensemble d'une population. Bien souvent ce sont les plantes les plus communes qui sont les plus puissantes. On évitera de cueillir les plantes abîmées, tachées, moisies ou mangées par les insectes.

À quel moment cueillir ?

Il est probable que les druides choisissaient les moments de récolte en fonction de leurs observations. Leur intuition et leur sensibilité les guidaient vers certaines plantes, sur des lieux propices, en tenant compte des rythmes de la nature, de la plante, de la Lune… Certains secrets de ces cueilleurs de plantes sont maintenant enfouis dans les mémoires du temps. Voici quelques conseils que les anciens respectaient :

• Pour faire des cueillettes dans des conditions optimales pour la conservation et les propriétés médicinales de la plante, il est préférable de choisir un temps sec et ensoleillé, et de cueillir les plantes après l'évaporation de la rosée.

• L'heure de la cueillette est importante. Voici un extrait du calendrier lunaire du groupe expérimental pluridisciplinaire du Centre-France : « Pour une bonne conservation et pour obtenir le maximum de force vitale et d'éléments nutritifs dans les plantes racines, faites l'arrachage après 15 h (heure solaire). En effet, la terre possède un rythme d'expire, inspire. De 3 h du matin jusqu'à midi la terre expire, en quelque sorte, son souffle vital vers le ciel... Ainsi, toutes les énergies se concentrent vers le haut. De midi à 15 heures on observe un temps mort après lequel les mouvements s'inversent... Les parties végétales souterraines (racines) reçoivent un plus et concentrent au passage les énergies accumulées [...] C'est pourquoi le meilleur moment de la cueillette des parties végétales situées au-dessus du sol (feuilles, fleurs, fruits et graines) est le matin. Et c'est à midi le point culminant notamment pour récolter les plantes médicinales. »

• Les plantes suivent le rythme des saisons ; l'énergie vitale de la plante se trouve :

› En hiver, dans les racines.

› Au printemps, dans les feuilles, les branches et les fleurs.

› En été, dans les fleurs et les fruits.

› En automne, dans les fruits, les graines et l'écorce.

Ainsi, les récoltes des parties de la plante se faisaient traditionnellement suivant un calendrier solaire dont nous pouvons nous inspirer :

› Les racines étaient récoltées pendant le solstice d'hiver, la nuit de préférence.

› Les feuilles étaient récoltées le matin, à l'équinoxe de printemps.

› Les fleurs étaient récoltées au solstice d'été, vers midi.

› Les fruits étaient récoltés l'après-midi, aux fêtes lunaires de fin d'été.

› Les écorces étaient récoltées en soirée, à l'équinoxe d'automne.

Toutefois, chaque cas reste particulier, car toutes les fleurs ne sont pas présentes au moment du solstice d'été et cela peut varier d'une année sur l'autre en fonction des conditions climatiques.

Où récolter ?

Contrairement à nous, les druides n'avaient pas à se soucier des risques de pollution, mais concentraient leur attention sur la vitalité et la qualité vibratoire des plantes, et choisissaient sans doute des lieux hautement énergétiques pour cueillir les meilleurs remèdes possibles.

Pour nous, cueilleurs contemporains, il sera nécessaire d'observer avec attention l'endroit de la récolte et d'estimer les risques de pollution existants :

- Il nous faut exclure systématiquement les bords de routes, les bordures de chemins qui semblent avoir été désherbées, les bordures de champs de cultures où l'on soupçonne l'emploi de produits chimiques. Soyez vigilant ! La simple présence d'engrais chimiques peut dénaturer les propriétés de la plante.

- Attention également aux prairies humides régulièrement pâturées par des animaux ; les plantes consommées crues pourraient vous transmettre des parasites.

La préparation à la cueillette, le matériel à prévoir

Autrefois

Il serait fastidieux d'essayer de respecter toutes les consignes évoquées dans les textes anciens. On pourra cependant retenir les aspects principaux de l'état dans lequel devait se trouver le cueilleur :

- Être seul et respecter le silence de la nature. Seuls étaient autorisés les prières et les chants sacrés. Le cueilleur devait être dans un état de recueillement.

- Avoir procédé à un rituel de purification en se lavant préalablement les mains, les pieds ou l'ensemble du corps.

- S'être purifié physiquement par une diète ou un jeûne.

• Porter des vêtements amples qui laissaient circuler l'énergie.

• Se mettre en symbiose avec tout le monde vivant, ceci afin d'éviter de transmettre une influence négative dans les remèdes.

Voici un autre témoignage écrit concernant les rituels de la cueillette des plantes par les druides, dans lequel Pline évoque une plante appelée *selago*, dont il décrit le rituel de cueillette : « On la cueille sans se servir du fer avec la main droite, à travers la tunique à l'endroit où on passe la gauche, comme pour voler ; il faut être vêtu de blanc, avoir les pieds nus et bien lavés, et avoir, avant la cueillette, sacrifié du pain et du vin ; on l'emporte dans une serviette neuve. Les druides gaulois ont publié qu'il faut en avoir sur soi contre tous les malheurs et que la fumée en est utile contre les maladies des yeux. »

Dans les différents textes retrouvés sur la cueillette des plantes chez les druides, il est toujours question de cueillir selon un rituel précis, dont l'aspect religieux et magique déterminera la puissance de guérison du remède. L'utilisation d'une médecine des druides par les plantes est également attestée par Marcellus de Bordeaux qui évoque de nombreuses formules magiques.

La serpe est souvent mentionnée comme outil de prédilection pour la cueillette, on connaît bien celle du druide Panoramix ! Même si elle n'est pas en or, de par sa forme de croissant lunaire, la serpe nous relie à la magie de la Lune. Toutefois, il est souvent écrit, comme dans le texte ci-dessus, que l'utilisation du fer n'est pas recommandée.

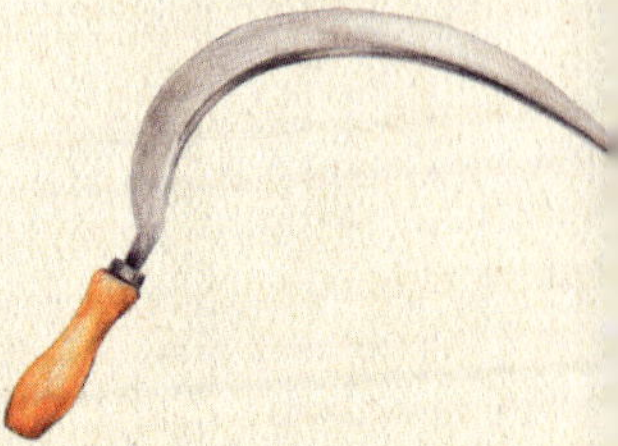

Aujourd'hui

De nos jours, voici quelques conseils que vous pourrez prendre en compte :

• Utilisez des matériaux nobles, n'enfermez pas les plantes dans un sac en plastique, elles transpireraient et noirciraient au séchage et cela pourrait même modifier leur composition chimique. Utilisez de préférence des paniers ou des sacs en papier.

- Il est important de cueillir les plantes le plus proprement possible afin de limiter le nettoyage qui dénature la plante et entrave le processus de conservation. Toutefois, si vous devez laver le produit de votre cueillette, utilisez une lotion d'eau de source de préférence légèrement vinaigrée.

- Débarrassez les plantes des parties abîmées ou mortes et coupez-les en petits morceaux. Ensuite, le plus vite possible, étalez-les dans une pièce sèche (et aérée si possible), sur du tissu, du grillage plastique ou du papier non imprimé, en les retournant tous les jours jusqu'à dessiccation. On peut également les mettre en petits bouquets suspendus au plafond, ou à une tringle à rideaux, un manche à balai…

Le contact avec la plante

La forme du cercle, en tant qu'espace protégé et magique, est essentielle dans le monde des druides. Des pratiques magiques plus récentes en ont probablement été inspirées. Il s'agissait de tracer (avec la main ou un bâton) un ou plusieurs cercles autour de la plante et du lieu de cueillette. L'orientation avec les points cardinaux venait parfaire la configuration magique du lieu, qui devenait alors un espace sacré, une sorte de roue de médecine. Des fumigations sur le lieu de cueillette renforçaient encore le lien entre le ciel et la terre et l'appel aux divinités.

Sans forcément aller jusque-là, il est important avant toute récolte de se recentrer, d'être en paix et en harmonie avec les forces cosmo-telluriques et avec soi-même. Toute récolte ou préparation effectuée dans le stress ne sera profitable à personne. La conscience d'amour qui sera ajoutée renforcera les effets des remèdes, à commencer par vous faire bénéficier vous-même d'une forme de bien-être essentielle. Au-delà du geste, c'est l'osmose avec la nature et la plante qui agit sur nous et sur notre équilibre mental et physique.

Les prières

Il n'existe pas à ma connaissance de traces écrites des formes de prières ou d'incantations pratiquées par les druides antiques lors de la cueillette. Toutefois, des versions de prières plus modernes, s'adressant à la Déesse et à la mère Terre en sont très probablement inspirées. Bien sûr, chaque druide devait avoir sa propre formulation. Ce qui est important, c'est d'en retenir l'esprit. Quoi qu'il en soit, c'est une manière supplémentaire de sacraliser ce moment, en se reliant aux forces de l'univers, et de trouver l'inspiration. Voici un exemple de prière inspirée :

« Maintenant aussi, je réclame votre intercession, pouvoirs et herbes, tous, et à votre majesté : je vous supplie, que la Terre, parente universelle, a engendré et dont elle a doté tous les peuples comme soin de la santé et fait régner en majesté, répandez vos plus grands bienfaits sur l'humanité. Ceci est ma supplique et ma prière : soyez ici présents avec vos vertus, car celle qui vous a créés a elle-même fait en sorte que je puisse faire appel à vous avec le discernement qui incombe à celui sur qui l'art de la médecine fut imparti ; accordez donc au nom de la santé un bon remède par la grâce de ces puissances que nous avons invoquées [...] » Harley MS 1585 (British Library), texte inspiré du druidisme avec appel à la Déesse.

À vous maintenant de vous laisser inspirer par l'environnement et, dans votre silence intérieur, vous trouverez votre propre façon de vous adresser aux plantes et aux esprits de la nature. Soyez sûr(e) que vous serez entendu(e) ! Si votre intention est pure, sincère et aimante, vos gestes seront empreints de magie et vos actes seront sacralisés.

Les offrandes

Tout rituel de cueillette, du plus simple au plus sophistiqué, s'accompagne d'offrandes. Dans l'état d'esprit de l'ovate, on ne prend rien à la terre sans lui redonner quelque chose en échange pour l'apaiser et la remercier. De même que l'on remercie l'esprit de la plante ou de l'arbre de sa générosité et de son pouvoir de guérison.

Quelle que soit la façon dont vous allez remercier la nature, laissez-vous guider par votre cœur et soyez dans un état de gratitude vis-à-vis des végétaux récoltés. Un chant, une offrande, une caresse seront bienvenus, car c'est dans un échange d'amour que la magie prend toute sa puissance. Encore une fois, ce n'est pas toujours le résultat final qui est important, mais bien la façon dont vous allez nourrir vos actes.

La conservation des plantes

De bonnes conditions de conservation sont essentielles pour préserver les qualités des plantes :

- Placez toujours les plantes à sécher à l'ombre. Exposer les fleurs, les feuilles ou les semences au soleil pour les faire sécher leur ferait perdre une partie de leurs propriétés. Le séchage doit être réalisé à moins de 40 °C pour la conservation des vitamines, des enzymes et de tous les principes actifs. En revanche, les écorces et les bois seront séchés au soleil ou dans un four à basse température.

- Protégez impérativement les plantes de la lumière. Pour leur conservation, on préférera les bocaux en verre fumé, les sacs en papier opaques, les boîtes en carton fermées hermétiquement, bien étiquetés. Les plantes doivent être protégées de la lumière et du contact avec l'air pour éviter l'oxydation qui leur ferait perdre une partie de leurs propriétés. Les solutions liquides seront conservées dans du verre teinté.

- Il est inutile de faire du stock pour plusieurs années. Veillez à récolter uniquement ce qui correspond à votre consommation annuelle pour éviter le gaspillage. Une conservation supérieure à un an fait perdre plus de 50 % des principes actifs de la plante, à cause de l'oxydation, même à l'abri de la lumière.

- D'une manière générale, les meilleurs résultats thérapeutiques sont obtenus avec des plantes fraîchement cueillies. Mieux vaut utiliser des plantes fraîches le plus souvent possible.

Les différentes utilisations traditionnelles des plantes

Dans ce chapitre, l'énumération des différents procédés d'utilisation traditionnelle des plantes n'a pas la prétention d'être complète. J'ai essayé de regrouper les pratiques les plus courantes et les plus simples, dont la fabrication peut être à la portée de tous. Pour l'utilisation des plantes à visée médicinale, il est recommandé de consulter un médecin phytothérapeute et de suivre ses prescriptions. De nombreux produits à base de plantes sont fabriqués par des laboratoires qui utilisent des procédés de fabrication complexes, avec des dosages très précis. Ce sont ces préparations qui seront prescrites en phytothérapie car les fabrications maison peuvent avoir leurs limites.

Phytothérapie et croyances

Nous allons rapidement explorer les différentes utilisations traditionnelles, ainsi que la galénique plus moderne. Certaines croyances pourront vous paraître primitives ou ressembler à de la superstition, mais la vision des druides nous enseigne que les plantes ne se limitent pas à une action sur le monde physique. La maladie exprime un déséquilibre général, à la fois physique, spirituel et émotionnel. Ainsi, il y a toutes sortes de façons d'aborder la guérison, par différents biais et en agissant sur différents niveaux. Dans certains cas, les remèdes pouvaient être donnés à des heures précises, en fonction du rythme cosmique et de la nature de la personne en demande.

La phytothérapie est l'art d'utiliser les plantes médicinales pour améliorer notre état de santé. D'excellents résultats peuvent être obtenus grâce à cette science. Mais si, tout comme les druides, en plus de l'utilisation matérielle et chimique de la plante, vous ajoutez votre conscience d'amour et de gratitude, le résultat n'en sera que meilleur. Ainsi, quel que soit le produit préparé, vous pouvez prendre un temps pour vous recentrer, vous harmoniser avec lui et lui transmettre vos intentions. Pour cela quelques instants suffisent. Vous pouvez également pratiquer une méditation ou un rituel à la manière des anciens.

Encens et fumigations

Les druides se servaient fréquemment des plantes et des résines pour leurs cérémonies et leurs rituels de guérison. Les encens se font avec de la résine, les fumigations sont à base de plantes séchées.

Quel que soit le principe utilisé, l'encens et les fumigations relient la terre au ciel. Ce sont des messages envoyés aux dieux, une prière qui s'élève vers le ciel. Faire brûler de l'encens ou pratiquer des fumigations sont des actes sacrés.

Ces pratiques peuvent servir, selon la plante employée, à purifier et nettoyer un lieu de ses influences négatives, à désinfecter et soigner, ou encore à favoriser des états modifiés de conscience, comme la méditation ou des visions prophétiques. Aujourd'hui, l'aromathérapie et l'olfactothérapie sont des sciences qui étudient le pouvoir des odeurs sur notre santé et notre bien-être physique, mental et émotionnel.

La fumigation sèche

On fait brûler la plante séchée ou la résine sur des charbons ardents. Les effets seront différents selon les plantes.

La fumigation humide

Elle consiste à faire bouillir la plante dans de l'eau pour obtenir une vapeur aromatique. Par exemple, faire bouillir des feuilles d'eucalyptus afin d'assainir une chambre en cas de rhume.

Les macérations

Ce sont des solutions obtenues en traitant, pendant un temps plus ou moins long, une plante par de l'eau froide, du vin, de l'alcool ou de l'huile pour en obtenir les principes solubles.

D'une manière générale, que ce soit en infusion ou en décoction, les tisanes peuvent être simples (une seule plante à la fois) ou composées (mélange de plusieurs plantes dont les actions s'harmonisent et se complètent, synergie). Si l'on ne supporte pas les tisanes sans sucre, on aura intérêt à sucrer avec du miel naturel.

L'infusion

Cette préparation convient pour les parties tendres de la plante (fleurs et feuilles). Les plantes fraîches infusent très peu de temps, les plantes séchées un peu plus longtemps.

Une bonne technique consiste à mettre les plantes dans une théière et à verser de l'eau bouillante par-dessus. Couvrez et laissez infuser 3 à 4 minutes. Selon Maria Treben, auteur du livre *La santé à la pharmacie du bon Dieu*, la manière la plus efficace de prendre une infusion serait de la verser dans un thermos et de la boire par gorgées réparties le long de la journée. Pour chaque plante le dosage est différent, mais en général une cuillerée à café convient pour une tasse d'eau.

La décoction

C'est l'ébullition prolongée (de 5 à 20 minutes) d'une plante que l'on aura mise dans l'eau froide. La décoction est généralement réservée aux parties dures de la plante (tiges, racines et graines).

LES ÉMOTIONS DE L'EAU

Les travaux du professeur Masaru Emoto ont mis en évidence l'action des émotions, des mots, des prières et de la musique sur la structure de l'eau, en photographiant la formation des cristaux au moment de la congélation. Ainsi, par exemple, une eau polluée comme celle de la ville de Tokyo n'arrive pas à cristalliser. Mais si un groupe de personnes se réunit autour du récipient contenant l'eau et lui envoie des intentions de gratitude et de reconnaissance, alors de magnifiques cristaux peuvent commencer à se former. Ce type d'expériences a été reproduit de nombreuses fois, venant à chaque fois démontrer le pouvoir de l'amour et de la gratitude sur la structure de l'eau. Dans la mesure où l'eau est présente dans la plupart de nos préparations, ces expériences donnent lieu à réfléchir.

La macération infusion

Elle demande un temps plus long de préparation mais elle est considérée comme la meilleure façon d'utiliser les plantes médicinales. En effet, elle permet de récupérer un nombre plus important de substances actives.

Faites macérer la plante dans l'eau froide entre 12 et 24 heures, puis filtrez et gardez le liquide. Réutilisez ensuite la plante en versant de l'eau bouillante dessus et en la laissant infuser pendant 5 minutes. Puis mélangez les deux liquides à parts égales et buvez la préparation dans la journée.

L'infusion solaire

Une façon toute simple et efficace de profiter à la fois de l'énergie solaire et des plantes. Choisissez un récipient en terre ou en faïence et versez de l'eau de source fraîche. Déposez sur la surface de l'eau les parties de la plante qui servent communément à faire les infusions. Exposez directement au soleil pendant quelques heures. Filtrez et buvez. L'infusion solaire peut être préparée pour deux ou trois jours en la conservant au frais.

L'alcoolat ou teinture mère

Selon les différentes appellations, il s'agit d'une macération de la plante (fraîche ou séchée) dans de l'alcool pur ou dilué avec de l'eau. La préparation se prend ensuite en gouttes.

La teinture non alcoolisée

C'est une méthode utilisée dans certains cas de contre-indication à l'alcool (grossesse, inflammations gastriques ou hépatiques, traitement des enfants ou des alcooliques désintoxiqués). En ajoutant 25 à 50 ml d'eau bouillante à la dose de teinture mère (en principe 5 ml), on fait évaporer la plus grande partie de l'alcool.

Les huiles de plante

Les macérations de plantes dans de l'huile permettent des applications externes. Différents mélanges peuvent être préparés selon le résultat que l'on souhaite obtenir. Par exemple, pour les dermatoses, pour la circulation veineuse, pour soigner tous les petits bobos de la vie quotidienne, ou sous forme d'huile de massage pour un effet relaxant ou tonifiant... Les plus connues sont les huiles de millepertuis et de lavande.

La fabrication d'une huile de plante peut être très simple ou extrêmement élaborée, selon l'usage que l'on veut en faire. Certaines huiles peuvent être conçues juste pour guérir une brûlure, alors que d'autres vont être sacralisées, avec des rituels très complexes, comme les huiles d'onction par exemple.

RECETTE À BASE D'UNE HUILE DE PLANTE

Laissez macérer, au soleil de préférence, pendant 3 semaines la plante recouverte d'huile d'olive, en remuant de temps en temps. Filtrez et conservez à l'abri de la lumière.

Le pouvoir du son

Le druide connaissait l'art des chants de pouvoir et de la prière. Ainsi, pour la guérison d'une blessure, tout en appliquant les remèdes de plantes, il chantait de douces mélodies, psalmodiait des prières ou des incantations. On retrouve cette méthode de guérison particulière dans la plupart des cultures traditionnelles. De nos jours, de récentes recherches officielles aux USA démontrent l'influence de la prière dans la guérison.

L'énergie de la plante, les bouquets de protection

Les plantes et les arbres symbolisent le don, la générosité permanente de la nature, l'abondance à notre service. Nous sommes dépendants de cette générosité et il est juste de le reconnaître et de respecter le monde végétal qui nous fait vivre. Porter sur soi des petits morceaux ou fragments d'un arbre ou d'une plante nous aide à prendre conscience de ce partenariat et à bénéficier des qualités de cette plante ou de cet arbre.

Positionner des plantes sur des endroits stratégiques, comme mettre des feuilles d'arbre sous le lit d'un malade ou dans sa poche, protéger sa maison et sa famille en accrochant des bouquets de plantes au-dessus de la porte, se servir des plantes pour neutraliser les effets négatifs de réseaux souterrains, tout cela peut ressembler à de la superstition et faire sourire. Pourtant, la science démontre que les feuilles des arbres, par exemple, sont entourées d'une énergie ou aura, que l'on peut voir sur des photos en utilisant une technique particulière qu'on appelle l'effet Kirlian, du nom de son inventeur. Cette méthode nous montre que l'énergie d'une feuille d'arbre peut perdurer pendant trois mois.

Une autre forme de pratique serait de se mettre dans un état méditatif ou de relaxation, et de s'allonger en posant des plantes sur son cœur ou sur son plexus solaire, pour se relier aux pouvoirs de guérison de la plante.

Faire pousser des plantes, même dans un pot, leur parler, prendre soin d'elles, est déjà en soi un acte qui nous procure du bien-être et contribue à la guérison, même si nous n'en avons pas toujours conscience.

Les élixirs floraux

Toutes les émotions éprouvantes auxquelles nous devons faire face dans la vie de tous les jours engendrent des déséquilibres importants qui se répercutent sur notre état de santé.

Grâce aux découvertes médicales du docteur Edward Bach, créateur des 38 élixirs floraux ou fleurs de Bach, nous savons maintenant que certaines préparations peuvent agir en profondeur sur nos comportements émotionnels. La méthode de préparation des élixirs floraux nous vient de traditions anciennes selon lesquelles on considérait que les gouttes de rosée du matin, déposées sur les fleurs et chauffées au soleil, avaient un fort pouvoir de guérison. Le docteur Bach s'est inspiré de ces croyances. Depuis, d'autres recherches ont été menées dans ce domaine et il reste encore beaucoup à découvrir.

Un élixir floral correspond la plupart du temps à une macération de fleurs dans de l'eau au soleil sur le lieu de la récolte. Des règles très précises doivent être respectées pour la fabrication et la conservation de ces élixirs. C'est un domaine très subtil et passionnant.

Les matelas, coussins et sachets

Il a toujours été d'usage d'utiliser les plantes pour remplir des matelas ou des coussins pour profiter de leurs effets positifs. De nombreuses plantes ont été récoltées dans ce but. Les différentes actions pouvaient être, par exemple, de repousser les insectes, calmer les douleurs, faire transpirer, lutter contre le rachitisme, favoriser le sommeil, et bien d'autres encore. À cela pouvait s'ajouter l'aspect magique et protecteur de la plante.

Les bains aux plantes

Saviez-vous que Maurice Mésségué, grand spécialiste des plantes médicinales, a commencé sa carrière en tant que guérisseur ? Sa méthode était très simple : chacun de ses patients repartait avec un mélange de plantes pour se faire… des bains de pieds. Et cela lui a valu sa renommée. C'est ce qu'on appelle la balnéothérapie. Les bains de pieds et bains de mains donnent souvent des résultats surprenants.

RECETTE À BASE D'UN BAIN AUX PLANTES

Laissez infuser environ 200 g de plante séchée ou la valeur d'un petit seau de plante fraîche dans 3 ou 4 litres d'eau bouillante. Filtrez, puis mélangez à l'eau du bain. La durée du bain doit être de 15 minutes minimum.
Il vaut mieux prévoir de se reposer après le bain pour que la plante puisse continuer à faire effet.

Les animaux de pouvoir de la tradition druidique

Même si ce livre est dédié aux plantes, je me permets de préciser que les druides s'inspiraient également des animaux. Les bardes revêtaient des costumes de plumes et se coiffaient de bois de cerf. Les Celtes portaient sur eux, en guise de talisman, des dents et des os de leurs compagnons animaux. Les druides les invoquaient au cours de leurs cérémonies et lisaient dans le grand livre de la nature. L'apparition d'un animal dans la vie quotidienne était interprétée pour la divination, chaque animal ayant quelque chose à montrer ou à enseigner.

Voici sept animaux de pouvoir choisis parmi les plus importants dans la tradition druidique.

Le faucon

Il symbolise l'envol, la légèreté, le voyage intérieur. Représentant le printemps et le renouveau, il nous invite à de nouvelles aventures et nous donne l'énergie pour créer.

Le cerf

Il symbolise un animal sauvage, fier, gracieux, indépendant. Il est souvent associé au changement de forme ou de perception, c'est le messager vers l'autre monde. Le dieu Cernunnos est coiffé d'une ramure de cerf tandis que Merlin est souvent représenté par un cerf blanc.

Le saumon

Il remonte à la source, il est ainsi le parfait symbole de la sagesse et de la soif de connaissance. Associé à la direction de l'ouest et à la sagesse des ancêtres, la légende nous dit qu'il se nourrit de noisettes, elles-mêmes symboles de sagesse.

L'ours

Il représente la force primitive, l'ancrage à la terre. Associé au roi Arthur (*arctus* signifie ours), à la Grande Ourse et à l'étoile Polaire, il nous permet, dans notre silence intérieur, de contacter notre force et notre intuition. Sa capacité à hiberner en fait un guide du sommeil et des rêves.

Le sanglier

Symbole de force et de puissance, il était vénéré par les guerriers celtes qui le mettaient comme emblème sur leur casque pour leur apporter courage et protection. Associé au chêne, dont il mange les glands, il représente également la retraite solitaire du druide dans la forêt.

Le serpent

Par sa capacité à muer, il symbolise la transformation et la guérison. Il représente la fertilité, la régénération et l'énergie vitale. L'œuf du serpent était un véritable trésor pour les druides qui vénéraient ses propriétés magiques.

Le merle

Il est sur le seuil de l'autre monde, nous invitant à la magie et aux secrets d'une autre dimension. Son chant au crépuscule nous fait voyager dans notre monde intérieur.

LA GAULE ET LES GAULOIS ✦ LA GAULE ROMAINE

SÉRIE INSTRUCTIVE RECOMMANDÉE POUR LES ÉCOLES

Cahier d   Appartenant à

SUPERSTITIONS GAULOISES

LA CUEILLETTE DU GUI

Les Gaulois révéraient particulièrement le chêne et le gui (plante qui croît sur l'écorce des arbres) et lui attribuaient la vertu de préserver des maladies et des maléfices ; le chef des Druides (prêtres) détachait le gui avec une serpette d'or, le recueillait sur une toile de lin et lorsqu'il était sec, le réduisait en poudre pour être distribué.

LES PLANTES DRUIDIQUES

Les plantes des druides

Dans cette recherche portant sur vingt et une des principales plantes que les druides affectionnaient, j'ai essayé de traiter les différents aspects des plantes et la place qu'elles peuvent occuper dans tous les domaines de notre vie. J'ai volontairement laissé de côté les utilisations alimentaires car ce n'est pas l'objet de cet ouvrage.

Doit-on croire à la théorie des *signatures* ?

La fameuse loi des signatures, vieille comme le monde et reprise par Paracelse, s'appuie sur le fait que la couleur, la forme, l'odeur, la texture d'un arbre ou d'une plante, ainsi que son mode de vie, nous en disent long sur l'influence qu'il ou elle peut avoir sur nous.

Au XVIIIe siècle, Goethe écrit : « Dans la nature, il faut considérer les formes extérieures et tangibles comme étant les indicateurs des propriétés des parties intérieures, invisibles ». S'il est quelquefois délicat de tirer des conclusions trop hâtives de cette théorie, notamment quand il s'agit de déterminer les propriétés médicinales d'une plante, c'est par la finesse de notre intuition et de notre observation que nous pouvons comprendre les qualités vibratoires d'un arbre ou d'une plante. C'est ainsi que le docteur Bach a passé des années à observer la nature, avant de réaliser la gamme des 38 élixirs floraux. Ayant commencé sa vie par une carrière de médecin et de chercheur scientifique en bactériologie, il abandonna tout cela vers l'âge de 40 ans, et dira lui-même qu'il lui faudra oublier tout ce qu'on lui avait appris pour en arriver à utiliser uniquement son intuition pure. « Ne laissez pas la simplicité de cette méthode vous dissuader de l'employer, car vous vous apercevrez que plus vos recherches progresseront, plus vous comprendrez la simplicité de toute la Création. » (E. Bach)

L'univers des végétaux est immobile et silencieux et, pour entrer en communion avec lui, nous devons nous mettre à nu, nous dépouiller de nos artifices. « On ne voit bien qu'avec le cœur », disait Saint-Exupéry, et c'est dans le silence intérieur que nous comprendrons le mieux le langage des plantes.

Les exemples ne manquent pas pour comprendre que chaque plante est différente dans sa matière, mais également dans son énergie puisque tout est lié. C'est justement par sa matière que le végétal nous donne des indications sur les qualités qu'il est à même de nous transmettre, à condition de savoir observer et ressentir.

Par exemple, le bois de frêne est flexible tout en étant solide, il a une grande élasticité et une grande résistance à la compression et aux chocs. Or, sur le plan physique, les feuilles de frêne en infusion sont connues pour entretenir la souplesse et la bonne santé des articulations. Et, sur le plan émotionnel ou énergétique, le frêne nous aide à assouplir nos rigidités.

L'exemple du chêne nous démontre que les dernières découvertes scientifiques viennent souvent justifier les traditions. En effet, pour les Celtes, le chêne a toujours symbolisé la puissance, la force. Profondément enraciné, fournissant un bois extrêmement solide et bravant les intempéries, le chêne traverse le temps et nous invite à profiter de son énergie de feu. Par conséquent, on savait que l'on pouvait se mettre sous un chêne pour retrouver de la force en cas de maladie, de fatigue ou de convalescence. Or, depuis peu, des scientifiques ont découvert que l'écorce de chêne contient de nombreux composés flavonoïques qui réduisent la fatigue et améliorent l'humeur. Il y a maintenant des laboratoires qui commercialisent un extrait de bois de chêne (*Quercus robur*) contre les symptômes de la fatigue chronique.

LA LÉGENDE DES PLANTES GUÉRISSEUSES

Il y a très longtemps, Diantecht, dieu de la médecine, était un puissant guérisseur. Son fils Miach ayant hérité de ses pouvoirs, montrait également de plus en plus de dispositions dans ce domaine. Il est quelquefois difficile pour un père d'accepter de se faire dépasser par son fils, la suite de l'histoire nous le confirmera.

Quand le roi Nuada eut un bras coupé à la guerre, il vint voir le père et le fils pour se faire soigner. Diantecht lui fabriqua une prothèse en argent, ce qui était déjà remarquable. Mais son fils Miach releva le défi et réussit à lui greffer un bras vivant. Fou de jalousie, le dieu Diantecht fendit le crâne de son propre fils. On enterra Miach et quelques jours plus tard, sur sa tombe, fleurirent 365 sortes de plantes différentes. Comme par magie, elles étaient toutes disposées sur l'emplacement précis du corps qu'elles avaient le pouvoir de guérir. Toute la science de l'herboristerie était résumée là, sur cette tombe. La sœur de Miach, qui était également une grande guérisseuse, cueillit tendrement les herbes et les disposa sur son manteau, en respectant leur ordre précis, pour se souvenir de leurs propriétés respectives.

Malheureusement, on dit que Diantecht, dévoré par la jalousie, secoua le manteau et mélangea toutes les herbes. Cette fois, le secret des plantes guérisseuses était perdu à jamais... Saurons-nous le retrouver un jour ?

Achillée millefeuille

L'herbe aux charpentiers

On dit qu'Achille fut blessé au talon à Troie et que Vénus lui conseilla d'utiliser l'achillée pour adoucir ses souffrances. Pour remercier la plante, il lui laissa son nom. C'est une des plantes les plus puissantes, tant sur le plan médicinal que sur le plan de la magie. Particulièrement estimée par les peuples anciens, l'achillée gagnerait à être mieux connue de nos jours.

Nom latin : *Achillea millefolium*
Famille : Astéracées ou Composées

Description

Plante très aromatique, l'achillée atteint 1 m de hauteur. Son feuillage est très fin et découpé d'où son nom de « millefeuille ». Elle pousse plutôt sur les sols ensoleillés et au bord des chemins. Cette plante très commune est souvent considérée comme une mauvaise herbe. Les fleurs sont de couleur blanche ou rose, elles sont nombreuses et ramassées. Les tiges sont velues et rigides.

Dans la tradition celtique

C'est la plante de la divination par excellence (aussi bien pour prévoir la pluie ou le beau temps, que pour les présages liés à l'amour). On la cueillait au moment du solstice d'été. Sa récolte et son usage étaient entourés de rituels magiques. C'est une plante de protection. Elle faisait partie du bouquet solsticial que l'on accrochait au-dessus des portes des maisons pour protéger la famille et les animaux. Suspendue au-dessus d'un lit nuptial, c'était sept ans d'amour assuré !

Au jardin

L'achillée est un accélérateur de compost. Sa présence dans le jardin stimule les autres plantes et attire les insectes pollinisateurs.

USAGES ET TRADITIONS

En Chine, les tiges d'achillée découpées en bâtonnets servent pour les oracles (selon les instructions du Yi King). C'est une plante importante pour la médecine traditionnelle chinoise. Les jeunes feuilles hachées font un excellent condiment pour parfumer du fromage blanc, du beurre, des salades, des plats cuisinés, ainsi que certaines liqueurs. Elles sont riches en vitamines et en oligoéléments.

Les fleurs ont servi à aromatiser la bière, et les vignerons auraient utilisé les graines comme conservateur dans le vin. On brûlait l'achillée dans les étables ou dans les maisons pour repousser les insectes.

Croyances

Il est dit qu'on ne ressent plus la peur lorsque l'on tient un bouquet d'achillée dans les mains. Porter sur soi de la poudre d'achillée permet de se sentir protégé et de rayonner un magnétisme puissant qui combat toutes les énergies négatives.

Propriétés médicinales

Ses qualités hémostatiques ont contribué à la renommée de l'achillée. On l'appelle également l'herbe aux charpentiers, l'herbe à la coupure…

Contre-indications

À éviter pendant la grossesse et faites attention, en cas d'utilisation prolongée, aux réactions allergiques de photosensibilité de la peau.

Parties utilisées

Feuilles et fleurs, récolte de juin à septembre.

Usage interne

L'achillée est un tonique, antispasmodique, antiseptique et emménagogue. Elle combat l'inappétence, la toux, et soigne les voies respiratoires, certaines allergies et rhumes des foins. Elle est recommandée contre les règles irrégulières et la période de ménopause et de postménopause, la fatigue générale, le lymphatisme, les spasmes des voies digestives et utérines, les névroses, les troubles de la circulation, les varices, les hémorroïdes. On peut aussi l'utiliser contre les congestions cérébrales, les vertiges, les migraines, les douleurs des yeux.

Infusion : 10 à 20 g de plantes pour 0,5 litre d'eau.

Usage externe

On utilisera l'achillée comme cicatrisant, pour les hémorragies, l'eczéma, les plaies et les hémorroïdes. Elle calme les douleurs rhumatismales.

Ail des ours

Le purificateur

On pense que son nom n'a rien à voir avec les véritables ours, malgré la croyance populaire, mais plutôt qu'il signifie « ail sauvage ou forestier ». L'ail que nous utilisons plus couramment pour la cuisine est sans doute apparu plus tard dans nos régions.

Nom latin : *Allium ursinum*
Famille : Amaryllidacées

Propriétés médicinales

Bien connue dans les campagnes pour sa capacité à soigner les angines, la ronce a d'autres cordes à son arc.

Parties utilisées

Les feuilles et les fruits.

Usage interne

Les jeunes pousses et les feuilles de ronce sont astringentes, hémostatiques et dépuratives. On les utilisera en cas de diarrhées, hémoptysie, hématurie, dysenterie, hémorragies internes, hémorroïdes, règles excessives, insuffisance veineuse, affections rénales, cystites, pyélite, gravelle, pertes blanches, métrorragies, diabète, oligurie.
Dans certaines régions, on prépare un thé de feuilles de ronce et d'aspérule odorante très agréable et diurétique.
Le sirop de mûre aide à calmer les maux de gorge.
Infusion : 20 à 30 g par litre d'eau en filtrant le liquide pour retenir les épines.

Usage externe

Froisser quelques feuilles de ronce et les appliquer sur de petites plaies permettra d'en arrêter le saignement.
En décoction pour gargarismes en cas d'angines, aphtes, inflammations de la bouche et des gencives, plaies atones.
En lotion pour les peaux grasses et acnéiques.

Sureau

L'arbre des fées

La mère sureau ou grand-mère sureau ou fée du sureau serait une présence féminine, gardienne du sureau et de la mère Terre. Cette mère sureau serait peut-être la femme du dieu Pan, dieu de la nature, de la forêt et des animaux.

Nom latin : *Sambucus nigra*
Famille : Caprifoliacées

Description

Le sureau noir est un arbuste rustique, à la croissance rapide, qui s'accommode de tous types de sol. Il peut mesurer jusqu'à 10 m et devenir un petit arbre. On le trouve dans les bois, les décombres et à proximité des maisons. Il aime les endroits plutôt humides et mi-ombragés.
Les feuilles sont opposées, avec cinq à sept folioles, dentées, ovales, avec un long pétiole. Quand on les froisse, l'odeur est désagréable. Elles apparaissent très tôt au printemps.
Les fleurs sont très petites, d'un blanc jaunâtre ; elles ont cinq pétales et sont regroupées en ombelles d'environ 10 à 15 cm de diamètre. Elles sont très odorantes. Son bois renferme une moelle tendre que l'on peut facilement creuser et ainsi fabriquer des flûtes ou des buffadous (sortes de soufflets pour attiser le feu).
Les fruits sont de petites baies de 6 à 8 mm de diamètre. D'abord vertes, puis rouges, elles deviennent de plus en plus noires et brillantes en mûrissant.

Risques de confusion

En Europe, il existe principalement trois espèces de sureau. On peut confondre le sureau noir avec l'yèble et le sureau rouge (appelé également le sureau à grappes). L'yèble et le sureau noir se ressemblent beaucoup, mais il y a toutefois de grosses différences. Il est important de les connaître car les fruits de l'yèble sont toxiques.

Dans la tradition celtique

Le sureau est le treizième arbre du calendrier des arbres celtiques, placé en fin d'année. Il est l'un des derniers à perdre ses feuilles à l'automne, et le premier à les sortir au printemps. Il représente le lien entre la mort et la vie. On a retrouvé beaucoup de graines lors de fouilles archéologiques. Le sureau était déjà utilisé à une époque très lointaine pour le culte des morts.
Le sureau a la capacité de se régénérer très facilement. Il suffit de planter une baguette de sureau dans la terre et il y a de fortes chances qu'elle se réimplante et redevienne un arbuste l'année suivante. Pour les Celtes, il représente la vitalité, la vie éternelle, la mort et

la renaissance. Il facilite le passage entre les mondes. Les Celtes s'en servaient pour confectionner des flûtes magiques pour faciliter les conversations avec les morts.
Le sureau était considéré comme un arbre sacré dont le bois creux abritait des divinités, des esprits de la forêt, des fées. Si jamais l'on osait couper cet arbre malgré l'interdiction, cela portait malheur. Il est le lien avec les esprits de la nature. Le bois creux du sureau permettait de fabriquer des baguettes magiques, dans lesquelles on pouvait glisser des objets aux pouvoirs guérisseurs.
C'est une plante de protection que l'on porte sur soi ou que l'on suspend au-dessus des portes et des fenêtres.

Au jardin

La décoction de feuilles de sureau ou bien le purin de feuilles de sureau (1 kg de feuilles mises à macérer dans 10 litres d'eau pendant quelques jours) sont utilisés en pulvérisations contre les pucerons, la piéride du chou, les altises, la teigne du poireau. Ils servent également de répulsif pour les chenilles et les taupes. Les feuilles de sureau mises dans le compost en accélèrent la décomposition.

Croyances

Certains estiment que le sureau pousse sur des zones de courants telluriques et qu'il révélerait la présence de sources cachées. Le sureau a inspiré de nombreuses légendes, un peu partout dans le monde.

Précautions à prendre

Les baies crues ne doivent pas être consommées en grande quantité car elles sont indigestes et purgatives. Elles peuvent provoquer des nausées et de la diarrhée. Les mammifères et les perroquets y sont sensibles. La cuisson détruit la toxicité. On évitera également de consommer les parties vertes de l'arbuste ainsi que son écorce.

Propriétés médicinales

Ses propriétés anti-inflammatoires ainsi que sa richesse en antioxydants en font une plante médicinale précieuse.

Parties utilisées

Les fleurs récoltées avant le plein épanouissement, fraîches ou avec un séchage rapide, les baies cuites, l'écorce des jeunes branches.

Usage interne

Les fleurs de sureau sont diurétiques, sudorifiques et anti-inflammatoires (surtout pour la gorge). On utilisera l'infusion de fleurs séchées contre l'hydropisie, la rétention d'eau, les œdèmes, la néphrite avec œdème, la goutte, les refroidissements (grippes, rhumes, bronchites), les angines, les laryngites, les inflammations.
Infusion : une poignée de fleurs bien sèches par litre d'eau, 3 à 5 tasses par jour.
L'écorce est diurétique, vomitive et légèrement laxative.
Les baies de sureau, cuites et sous forme de sirop, ont été utilisées à travers les siècles pour soigner les rhumes, les états grippaux, la fièvre, les brûlures, les diarrhées et beaucoup d'autres affections. Elles sont diurétiques, dépuratives, antigrippe, laxatives, anti-inflammatoires.

Usage externe

La décoction de fleurs est efficace en gargarismes contre les angines, les pharyngites et les stomatites. Elle calme et adoucit les yeux malades.

USAGES ET TRADITIONS

Mettre des feuilles fraîches de sureau dans les terriers permet d'en éloigner les rongeurs. Pour éloigner les mouches, on suspendra dans la maison des feuilles fraîches de sureau.
Des fleurs de sureau séchées, étalées dans le fond d'un cageot de pommes, permettront de conserver ces fruits plus longtemps et leur donneront en plus un léger goût d'ananas.
Le sureau influence le sommeil et les rêves.
Il est possible d'utiliser les baies de sureau pour se teindre les cheveux. Cela permet en plus de les nourrir et de leur redonner de la force.

Tilleul

La douceur de l'amour maternel

Également appelé thé d'Europe, le tilleul appartient à la classe des Malvales. Trois cents espèces et trente-cinq genres composent cette famille.

Nom latin : *Tilia*
Famille : Tiliacées

Description

C'est un arbre à croissance rapide, qui peut atteindre 30 à 40 m de hauteur. Ses branches sont largement étalées. D'une allure rectiligne, le tronc est droit. L'écorce lisse se crevasse légèrement à partir de la vingtième année. À l'état naturel, le tilleul pousse dans les forêts. On le trouve au bord des routes et des chemins, sur les places publiques, car il a été planté en grande quantité.

Les feuilles de tilleul sont en forme de cœur et munies de petites touffes de poils en dessous. Les fleurs sont jaune clair, très odorantes.

Dans la tradition celtique

Dédié à la Déesse, le tilleul est utilisé depuis toujours pour une meilleure santé. Certains affirment même que l'ombre de l'arbre suffit pour guérir (en particulier les maladies d'origine nerveuse).

C'était l'arbre des amoureux qui venaient le consulter pour obtenir la bénédiction de la Déesse.

La feuille du tilleul, par sa forme, est associée au cœur et à toutes ses symboliques, expliquant ainsi l'association entre l'amour, la fidélité et la justice.

Arbre des déesses, c'est un arbre féminin, toujours associé à l'amour maternel. Les places où sont plantés des tilleuls sont traditionnellement des lieux d'assemblées publiques et de célébrations (écoles, places de mairie, etc.). Le tilleul, par ses propriétés apaisantes, facilite les débats et la vie de la communauté.

Croyances

Brûler de la poudre de tilleul vous redonnera de la joie de vivre et vous aidera à retrouver confiance en vous.

Les fumigations ont également un pouvoir calmant et apaisant.

Porter sur soi des feuilles ou du bois de tilleul vous mettrait à l'abri des chutes, blessures, insolations, intoxications et en général de tous dangers corporels.

Propriétés médicinales

Le contact avec le tilleul fortifie le cœur et les fonctions cardiaques. Il calme les personnes nerveuses, déconcentrées, déchirées, en leur offrant le silence et le recueillement.

Parties utilisées

Les fleurs, l'aubier, les bourgeons.

Usage interne

Le tilleul est recommandé contre les spasmes, indigestions, insomnies, cauchemars, affections nerveuses diverses, athérosclérose et pléthore, états fébriles, grippes, rhumes, courbatures, refroidissements, coliques gastro-intestinales.

L'aubier de tilleul en décoction est remarquablement efficace pour éliminer les déchets de l'organisme (surtout celui du Roussillon) : lithiase de la vessie, des reins, du foie. Une cure prolongée peut venir à bout de rhumatismes, goutte, sciatique, urée, albumine, diabète.

Infusion : 15 à 30 g de fleurs par litre, une pincée par tasse, 2 à 4 tasses par jour. On aura tout intérêt à ajouter à cette tisane de la fleur d'oranger pour tous les problèmes nerveux.

Usage externe

La décoction d'écorce soulage les yeux fatigués ou enflammés.

Un bain dans lequel on aura ajouté une décoction de tilleul aidera en cas d'insolation, de fortes migraines, de fièvre intense.

USAGES ET TRADITIONS

Les feuilles du tilleul séchées et écrasées peuvent donner une farine de remplacement, à mélanger avec de la farine d'orge ou de sarrasin.

Les feuilles, au printemps, peuvent être préparées en salade, rouleaux de printemps, soupes de légumes (comme les épinards). Les fleurs peuvent être mélangées aux salades composées. Les bourgeons se mettent dans les salades et dans les soupes.

En plus de sa résistance aux tempêtes, le tilleul possède une capacité de régénération importante qui lui permet de rétablir une tête arrachée par le vent.

Il était tellement vénéré qu'une ordonnance royale prescrivait de planter les bordures de routes de tilleuls et d'en réserver la récolte pour l'usage des hôpitaux.

Parce que le bois de tilleul est fin, c'est un formidable médium pour la gravure sur bois fine et précise. Il est idéal pour la représentation d'images sacrées.

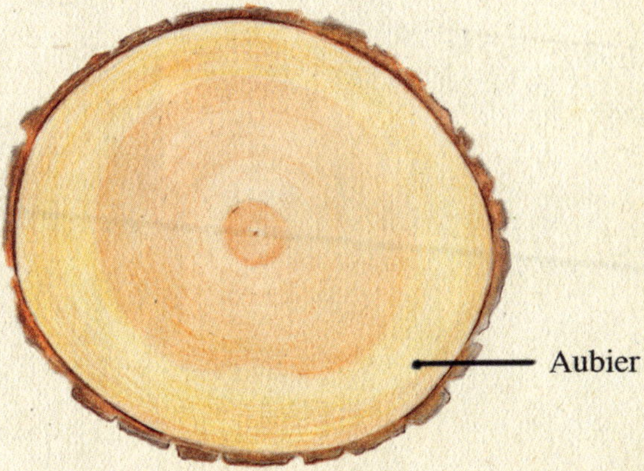

Verveine officinale

L'art de la discrétion

Contrairement à sa cousine la verveine citronnelle, la verveine officinale est une plante très discrète et inodore. Elle passe souvent inaperçue au milieu d'autres plantes plus volumineuses. Toutes les verveines sont inoffensives, mais elles n'ont pas les mêmes propriétés.

Nom latin : *Verbena officinalis*
Famille : Verbénacées

Description

La verveine officinale est une plante vivace, herbacée, de 30 à 50 cm de hauteur, qui pousse à l'état sauvage en Europe.
Les feuilles sont dentelées, opposées et profondément découpées.
La floraison a lieu en été, les fleurs sont de couleur mauve lilas, l'inflorescence est en forme d'épi.

Dans la tradition celtique

Les Celtes considéraient la verveine comme une plante magique, capable de soigner presque toutes les maladies, de protéger et de purifier.
Pour bénéficier de l'effet protecteur de la verveine, on l'utilisait sous forme d'infusions que l'on pulvérisait sur les autels ou autour des maisons, que l'on ajoutait aux encens et aux fumigations, dans l'eau du bain, et que l'on éparpillait partout où le besoin s'en faisait sentir.
Les initiés auraient été couronnés avec de la verveine.

Croyances

Si vous souhaitez faire passer un message de paix, tenez un brin de verveine dans votre main.
Porter de la verveine sur soi protège de toute mauvaise influence.
Le jus pur de verveine, frictionné sur le corps, permet de guérir de certaines maladies, de préserver des problèmes de santé et de vivre parfaitement heureux.

USAGES ET TRADITIONS

On utilisait la verveine officinale pour faciliter les accouchements et augmenter la lactation.
Les Grecs et les Latins la nommaient « herbe de Vénus » et la tenaient en très haute estime.

Précautions à prendre

Le contact avec la verveine peut quelquefois provoquer des réactions allergiques ou des dermatites.

Propriétés médicinales

C'est une plante digestive, calmante et anti-inflammatoire.

Contre-indications

On évitera la verveine officinale dans les cas d'asthme et de problèmes cardiaques.

Parties utilisées

On récolte les sommités fleuries en début de floraison.

Usage interne

La verveine est recommandée pour les troubles du sommeil, le stress, les troubles digestifs, les diarrhées, la fièvre, les rhumatismes, les crampes, les vertiges, les migraines et les douleurs articulaires. Elle calme les spasmes et l'anxiété. Elle aurait également une action antioxydante.

Infusion : 1 cuillerée à café de la plante pour une tasse, 3 tasses par jour.

Usage externe

On l'utilisera en décoction contre les irritations et les problèmes de peau : crevasses, érythèmes, gerçures, piqûres d'insectes, ecchymoses. Contre les douleurs, on fait bouillir la plante dans du vinaigre et on la pose en cataplasmes sur les endroits douloureux (lumbagos, maux de tête).

Vigne

Le breuvage sacré

Dans le calendrier celtique, la vigne est placée dans le mois de septembre, au moment de l'équinoxe, période d'équilibre. Dans plusieurs de ses aspects, la vigne nous montre le chemin du juste milieu. Elle symbolise aussi bien la matière que l'esprit. Ses raisins et les vins qui en découlent sont bien connus, cependant on évoque moins souvent les vertus médicinales de la vigne, pourtant fort intéressantes.

Nom latin : *Vitis vinifera*
Famille : Vitacées

Description

La vigne est un arbrisseau tortueux grimpant, du genre *Vitis*, qui comprend beaucoup d'espèces. La plus cultivée dans le monde est *Vitis vinifera* pour son fruit, le raisin, avec lequel on fabrique le vin. Lorsqu'elle n'est pas taillée, la vigne peut atteindre une hauteur de 5 m, par exemple en s'accrochant aux arbres qui l'entourent.
Les racines de la vigne descendent à plusieurs mètres de profondeur. Les feuilles comportent cinq lobes et sont en forme de cœur à la base. Les fleurs apparaissent au printemps, regroupées en grappes composées. La fleur est petite, verdâtre mais très parfumée.
La vigne donne annuellement des tiges ligneuses, appelées sarments, s'attachant aux supports grâce à de petites vrilles en spirale. Le fruit est le raisin, noir ou blanc, bien connu de tous.

Risques de confusion

Avec la vigne vierge, souvent présente le long des murs des maisons.

Dans la tradition celtique

La vigne se tord et s'enroule ; elle crée des liens entre les êtres vivants, les reliant à toutes choses. Les lianes de la vigne s'élèvent vers le ciel, avec souplesse et légèreté. Elles s'accrochent sur des supports grâce à de petites vrilles en forme de spirale qui s'enroulent et symbolisent la croissance, le renouveau et le sens de l'opportunité. Les vrilles et les spirales sont d'ailleurs très présentes dans l'art celte. La vigne représente alors la quête de lumière, la recherche spirituelle.
Dans le calendrier celtique, la vigne est placée dans le mois de septembre, au moment de l'équinoxe, période d'équilibre. Dans plusieurs de ses aspects, la vigne nous montre le chemin du juste milieu. Elle symbolise aussi bien la matière que l'esprit.
Le mois de septembre est un mois de récolte où la nature est généreuse : c'est le moment où il n'y a plus qu'à récolter. C'est la période où les anciens remerciaient, faisaient des offrandes. Des cérémonies étaient organisées pour remercier les dieux de tant de générosité.
Les Celtes associent la ronce et la vigne. Il y a beaucoup de caractéristiques communes entre ces deux plantes. Les druides consommaient

le vin de vigne ou de mûres pour faire des prophéties, développer leur intuition et la compréhension des signes et des présages. Le raisin symbolise l'abondance et le vin représente la joie de vivre, la fête, le partage, la convivialité.

À dose raisonnable, le vin nous aide à lever nos inhibitions, nos masques, nos carapaces... Il apporte la joie de vivre et la spontanéité mais, consommé en excès, il peut entraîner l'enivrement et la folie. Encore une fois, la vigne nous invite à garder l'équilibre.

La vigne est liée à la prophétie, à la parole sincère, à la vérité. Ne dit-on pas « In vino veritas » ? Qui pourrait mentir après avoir bu un peu de vin ?

Ainsi, après avoir bu un peu de vin, à juste dose en tant que breuvage sacré, nous sommes libérés des peurs et de notre ego, ce qui nous permet d'être plus réceptifs aux messages de l'univers. C'est pour cela que les druides utilisaient le vin avant de faire des prophéties et des divinations. Cette boisson permettait de s'approprier une force surnaturelle et de communiquer avec les esprits de l'au-delà.

USAGES ET TRADITIONS

Les feuilles de vigne sont utilisées en cuisine, farcies ou mélangées à de la viande et des légumes. Elles servent également à emballer les fromages pour les affiner.

Propriétés médicinales

La feuille de vigne est un des meilleurs remèdes de la circulation veineuse.

Contre-indications

Pas de contre-indications connues si l'on s'en tient à des doses raisonnables.

Parties utilisées

Les feuilles et les bourgeons.

Usage interne

La feuille de vigne rouge est connue pour ses effets bienfaisants sur la circulation veineuse. Elle peut nous aider en cas de varices, jambes lourdes, fragilité capillaire, hémorroïdes… Elle fait partie de nombreux mélanges de plantes conseillés pour la circulation sanguine.
La sève de la vigne peut servir de collyre.
Les décoctions des petites vrilles resserrent les intestins en cas de diarrhée.
Le raisin est riche en antioxydants (surtout le raisin noir), il est conseillé pour prévenir les problèmes cardiovasculaires.
Infusion : 20 à 30 g de feuilles par litre d'eau, 3 tasses par jour.

Crédits photographiques

Couverture : Collection Kharbine-Tapabor.
Kharbine-Tapabor : pp. 8 (British Library), 25, 44, 89, 98 (Collection Lou), 140 (Collection Jonas).
iStockphoto : pp. 11, 12, 43, 48, éléments décoratifs.
vecteezy.com : éléments décoratifs.

Illustrations : Isabelle Frances.

Direction : Guillaume Pô
Direction éditoriale : Élisabeth Pegeon
Édition : Frédérique Chavance
Adaptation et mise en pages : Jennifer Faisant
Direction de fabrication : Thierry Dubus
Fabrication : Gwendoline da Rocha

FSC www.fsc.org
MIXTE
Papier issu de sources responsables
FSC® C104723

N° d'édition : R22136
Achevé d'imprimer en septembre 2022 en Chine.
Ce livre est composé de matériaux issus de forêts bien gérées, certifiées FSC® et d'autres sources contrôlées. Il est imprimé avec des encres végétales.

Description

Au milieu des bois, l'ail des ours forme des tapis de fleurs blanches au printemps, aux feuilles d'un vert bien soutenu. Il se plaît dans les zones d'ombre, les bois humides, les endroits riches en humus.

Dans la tradition celtique

L'ail est une plante magique et protectrice. À la fête de Samain (1er novembre), on accueillait les esprits des ancêtres décédés et, pour s'assurer de ne pas attirer de mauvais esprits, on répandait de l'ail des ours autour de l'entrée des maisons. Il était souvent utilisé pour les troubles digestifs ainsi qu'en tant qu'antibiotique naturel.

USAGES ET TRADITIONS

Les feuilles à forte odeur d'ail sont comestibles, d'un goût très fin et d'une haute teneur en vitamine C. Elles sont réputées donner de la saveur aux sandwichs au beurre de cacahuète. Avant la floraison, elles sont délicieuses pour agrémenter sandwichs, salades et fromages blancs.

Croyances

Quelques feuilles d'ail des ours jetées dans l'eau d'un cours d'eau la purifient. Le nom de la plante proviendrait de la croyance que les ours, à la sortie de l'hiver, en mangent de grandes quantités pour se refaire une santé après leur hibernation.

Précautions à prendre

Être sûr de savoir l'identifier et ne pas se laisser distraire. L'ail des ours ayant l'habitude de pousser au milieu de plantes toxiques, il est bon de vérifier chaque feuille récoltée.

Propriétés médicinales

L'ail des ours, bien que moins fort que l'ail cultivé, a de puissantes propriétés pour la santé. Pour préserver toutes ses propriétés, on le consomme généralement frais et cru.

Dépuratif et purificateur, il améliore les maladies chroniques de la peau.

Contre-indications

Pour les personnes qui prennent un traitement anticoagulant, l'ail des ours allonge le temps de coagulation et peut interférer avec le traitement.

Il est déconseillé aux femmes enceintes ou allaitantes, ainsi qu'aux personnes souffrant d'irritation gastrique, si elles en prennent en trop grande quantité.

Parties utilisées

Les feuilles et les fleurs se consomment au printemps, tandis que les oignons se récoltent à l'automne.

Usage interne

L'ail des ours est conseillé en cas de psoriasis, dartres, artériosclérose, diarrhée et constipation, hypertension, engorgement de la poitrine et troubles respiratoires qui y sont liés. C'est une plante antiparasitaire.

Infusion : on préférera consommer l'ail des ours cru comme condiment dans l'alimentation ou bien sous forme d'alcoolat.

Usage externe

On utilisera l'infusion pour nettoyer et désinfecter les plaies.

Armoise

La plante des femmes

L'armoise doit son nom à Artémis, déesse grecque de la Lune et de l'accouchement. Elle a toujours été considérée comme la plante des femmes. Très aromatiques, ses feuilles froissées dégagent une odeur proche de celle de l'absinthe.

Nom latin : *Artemisia vulgaris*
Famille : Astéracées ou Composées

Description

C'est une grande herbe qui peut atteindre jusqu'à 2 m de hauteur. Elle est facilement reconnaissable à son feuillage argenté et à ses tiges rougeâtres. Son feuillage très découpé est vert foncé sur le dessus. Sur le dessous la feuille est duveteuse et de couleur argentée. Les fleurs sont petites, jaunâtres et cotonneuses.

Risques de confusion

À ne pas confondre avec l'ambroisie à feuilles d'armoise, une plante invasive qui déclenche des allergies respiratoires. La feuille d'ambroisie est verte dessus et dessous, alors que celle de l'armoise est verte au-dessus et argentée en dessous.

Dans la tradition celtique

On récoltait les feuilles d'armoise au moment de la Saint-Jean car c'était une plante considérée comme protectrice. L'armoise aidait à dissoudre les influences négatives et faisait partie des bouquets solsticiaux que l'on accrochait au-dessus de la porte des maisons pour protéger les habitants de toute influence nuisible. En tant que plante magique, elle servait pour les prophéties et la divination. On la fumait.

Au jardin

Dans le jardin, l'armoise a la réputation de repousser les limaces, les rongeurs et les escargots.

USAGES ET TRADITIONS

En médecine chinoise, on utilise une variété d'armoise pour faire des moxas (bâtonnets réalisés avec la plante séchée que l'on fait brûler sur les points des méridiens pour les chauffer). Jadis, on mettait de l'armoise dans la doublure des vêtements pour éloigner les mites. On peut également en glisser dans les armoires, d'où son surnom de garde-robe. D'une manière générale, l'armoise aide à repousser les insectes.

Croyances

Cachée sous votre paillasson, l'armoise protège contre les visiteurs indésirables.

Précautions à prendre

Dans certains cas rares, l'armoise peut déclencher des dermatites. Son pollen est allergisant.

Propriétés médicinales

Jadis utilisée pour soigner l'épilepsie et combattre la fatigue, l'armoise est de nos jours surtout employée pour traiter les problèmes gynécologiques de la femme.

Contre-indications

L'armoise est fortement déconseillée en cas de grossesse ou d'allaitement. À doses élevées, elle peut provoquer de graves intoxications.

Parties utilisées

La tige et les feuilles.

Usage interne

L'armoise est surtout employée comme emménagogue, pour régulariser ou provoquer les règles, et lors de la ménopause. Elle est efficace pendant le travail de l'accouchement ou en cas de rétention placentaire. On l'utilise également contre l'inappétence, les digestions lentes, les crampes d'estomac, les parasites intestinaux, l'anémie, l'épilepsie, les troubles nerveux et les douleurs menstruelles. Elle est toutefois légèrement toxique en cas d'emploi prolongé.

Infusion : 15 à 30 g par litre d'eau, 3 à 5 tasses par jour.

Usage externe

Les bains d'armoise sont recommandés pour la goutte et les rhumatismes. Les cendres de la plante arrêtent les saignements de nez. Les feuilles ont été utilisées en remplacement du tabac.

Aubépine

La voie du milieu

Pour ses délicates fleurs blanches, on l'appelle également l'épine blanche, l'arbre de la pureté. La signature de ses baies rouges et de ses épines symbolise le cœur qui saigne et tout ce qui est lié à notre affectif. C'est un arbre apaisant, consolateur et régulateur de la tension.

Nom latin : *Crataegus*
Famille : Rosacées

Description

Arbre épineux, discret, aux formes un peu tortueuses, l'aubépine ne devient jamais très volumineuse. De forme adaptable, elle peut se présenter sous forme de buisson, d'arbre ou de haie défensive. On la trouve dans les haies, les bordures de forêt et de bois.
Les fleurs, blanches avec un pistil rose, ont cinq pétales et dégagent un parfum caractéristique d'amande amère. Les fruits s'appellent les cenelles. Ce sont des baies rouges, rondes, avec une sorte d'étoile à la base.

Dans la tradition celtique

Pour les Celtes, c'est un arbre sacré qui a le pouvoir d'éloigner la foudre. La principale de ses vertus est la protection. La foudre ne tombe que rarement sur un buisson d'aubépine et les oiseaux sont nombreux à y faire leur nid. Les buissons d'aubépine leur assurent en effet, grâce à leurs épines, une protection efficace contre les prédateurs. De par ces observations, les Celtes en ont fait un arbre protecteur dont on suspendait les rameaux aux berceaux des nouveau-nés, ainsi qu'aux entourages des portes et des fenêtres, afin de se protéger des mauvais sorts et des maladies.
On attendait de rentrer dans la partie lumineuse de l'année pour se marier, à partir du 1er mai. L'aubépine, en fleurs au mois de mai, était symbole de chasteté et de pureté, mais également de bonheur, prospérité et fidélité conjugale. C'était l'arbre des mariages.
Dans de nombreuses régions, on tressait autrefois des couronnes d'aubépine en offrande aux fées et aux anges qui venaient danser la nuit autour des buissons en fleurs. L'aubépine était l'arbre sacré de la fête de Beltaine (1er mai), elle avait le pouvoir de nous faire entrer dans le monde magique des esprits de la nature.

Propriétés médicinales

C'est un régulateur du cœur et de la tension.
On l'a surnommée « bonnet de nuit » en raison de ses propriétés à provoquer le sommeil.

USAGES ET TRADITIONS

Autrefois, le bois servait pour la fabrication de manches d'outils et de cannes. On plantait de l'aubépine aux abords des maisons car on pensait que sa proximité permettait de conserver la viande, empêchait de faire tourner le lait et faisait fuir les serpents.

Parties utilisées

Écorce, baies, feuilles, mais surtout les fleurs à récolter en mai-juin en début de floraison.

Usage interne

Tonique et calmante, l'aubépine agit sur le stress et l'insomnie. C'est une plante antispasmodique, tranquillisante, tonicardiaque. Elle permet de régulariser la tension, de supprimer l'arythmie, la tachycardie, de lutter contre les angoisses et les insomnies.
Elle est recommandée pour l'artériosclérose, l'angine de poitrine, les troubles nerveux, la mauvaise circulation du sang, l'hypotension aussi bien que l'hypertension.
Infusion de fleurs : 1 cuillerée à café par tasse d'eau bouillante, à prendre trois à quatre fois par jour. Les cures devront durer au moins 3 mois.

Usage externe

Pour les peaux sèches, fragiles et dévitalisées, utilisez tous les jours une lotion d'aubépine.

Bardane

La plante qui s'accroche

Très prisée au Moyen Âge, la grande bardane aurait guéri le roi Henri III de la petite vérole. Utilisée en Inde, en Chine, par les Celtes et par les Amérindiens, cette plante refait surface dans le monde moderne, puisque les études scientifiques actuelles viennent prouver son efficacité dans bien des domaines de la santé.

Nom latin : *Arctium*
Famille : Astéracées ou Composées

Description

C'est une plante bisannuelle : la première année elle forme une rosette de feuilles au niveau du sol, la deuxième année elle développe une tige florale qui peut aller jusqu'à 2 m de hauteur. La bardane pousse un peu partout, au bord des chemins et dans les endroits incultes.
La base de la tige et les feuilles sont en forme de cœur. Les feuilles peuvent atteindre 70 cm de longueur. Les fleurs sont de couleur pourpre ou violette. Les racines sont longues et charnues, et peuvent mesurer jusqu'à 1 m.

Dans la tradition celtique

La bardane était très estimée par les Celtes qui l'utilisaient à la fois comme médication et comme nourriture car ses racines sont comestibles. Les druides utilisaient la bardane, en association avec le pissenlit, pendant la période de fin d'été et d'automne, pour se purifier, se nettoyer et fortifier leur système immunitaire avant l'hiver.
Symboliquement, les fruits de la bardane, sur lesquels tout vient s'accrocher, permettent de se débarrasser des choses négatives qui seront retenues et emportées avec la plante.
Symbole de vitalité et de ténacité, la bardane était utilisée pour la protection. En fumigation, elle servait à purifier les lieux d'habitation. On l'utilisait dans les amulettes de protection et les sachets pour conjurer toutes sortes d'influences négatives. Elle a la propriété de développer la conscience.

Au jardin

La bardane est très riche en chaux, magnésie et potasse entre autres. Vous pouvez cueillir des feuilles de bardane et les laisser sécher avant de les déposer en paillage autour des pieds des pommes de terre pour limiter les attaques de mildiou. La bardane aurait la capacité de concentrer les ions de cuivre et serait alors un excellent fongicide.

Croyances

Pour ne pas faire de cauchemars, il suffirait de caresser la racine de bardane avant de se coucher.

USAGES ET TRADITIONS

Ses fruits servaient à teindre en jaune et on faisait bouillir ses racines pour blanchir le linge.
Sa racine servait à préparer un succédané de café.
Le fruit de la bardane est à l'origine de l'invention du Velcro.

Propriétés médicinales

Cette plante dépurative aide à éliminer les déchets de l'organisme.

Contre-indications

Si vous êtes enceinte ou si vous allaitez, voyez avec votre médecin. Elle est déconseillée aux personnes qui ont des calculs urinaires.

Parties utilisées

Racines et feuilles. L'automne est la meilleure période pour récolter les racines que vous pouvez utiliser fraîches ou séchées (moins efficace).

Usage interne

Des travaux du début du siècle confirment l'efficacité de la bardane pour soigner la goutte, les rhumatismes, l'arthritisme et les affections cutanées causées par les toxines du sang ou des réactions allergiques. C'est une plante hypoglycémiante, à prendre en décoction contre le diabète, à raison de 60 g par litre d'eau.

Infusion: 50 à 60 g de racine fraîche pour 1 litre d'eau, 4 à 5 tasses par jour.

Usage externe

On recommande la bardane sur les furoncles, les dartres, l'acné, les eczémas rebelles, les herpès, les dermatoses et toutes les maladies de peau (plante fraîche broyée, racines ou feuilles).

Décoction concentrée: 200 g de racines fraîches dans 1 litre d'eau. Faites bouillir 15 minutes. À utiliser en compresses pour l'acné, associée à la tisane dépurative de bardane.

Bouleau

L'arbre de lumière

Le bouleau est le plus lumineux de tous les arbres. Il symbolise la lumière, le renouveau. Premier arbre de l'année dans le calendrier des arbres, il représente la remontée du soleil et les jours qui rallongent. Il est présent dans toutes les fêtes de renaissance printanière.

Nom latin : *Betula*
Famille : Bétulacées

Description

Il s'agit d'un petit arbre, au port gracieux et souple, qui vit à peine 100 ans. Il peut atteindre 20 à 30 m de hauteur. Ses fleurs sont des chatons. L'écorce blanche, striée, est reconnaissable à sa capacité à se détacher facilement en petits morceaux fins comme du papier.

Dans la tradition celtique

La racine indo-européenne *bhirg*, qui signifie bouleau, est à l'origine du prénom Birgit, Brigitte en français. Pour les Celtes, Birgit était la Déesse, patronne des bardes et guérisseuse. C'est l'arbre de la Déesse, du féminin, de la douceur et de la pureté.

Arbre de lumière, le bouleau était vénéré par les druides pour sa capacité à supporter n'importe quel climat. En effet, le bouleau connaît le soleil de minuit et la rigueur des nuits polaires, et malgré tout il est capable de créer la lumière avec la blancheur lumineuse de son tronc. Le bouleau est souvent le premier arbre à repousser après un incendie. C'est l'arbre du commencement. On en confectionnait des berceaux pour les nouveau-nés, afin de les protéger.

Blanc, symbole de purification, le bouleau élimine nos déchets organiques et autres. C'est probablement pour cette raison que, de tout temps chez différents peuples, l'on utilisait les verges de bouleau pour fustiger les coupables et les agités.

Le bouleau vit en symbiose avec l'amanite tue-mouches, ce champignon magique que les druides utilisaient pour accéder à des états modifiés de conscience. Mais c'est un champignon toxique ! Ne le consommez pas, les secrets de son utilisation sont restés enfouis dans les mystères du passé.

Propriétés médicinales

On l'appelle l'arbre néphrétique pour sa capacité à purifier les reins, mais il agit également sur le foie et tout le reste du corps.

Contre-indications

Il est déconseillé aux femmes enceintes ou allaitantes. On ne l'utilisera pas pour résorber un œdème dû à une insuffisance rénale ou cardiaque.

USAGES ET TRADITIONS

Les peuples de pays froids se nourrissent de la jeune écorce tendre et sucrée du printemps. Quand elle est un peu plus consistante, ils en font des sandales nattées ou des pirogues, et quand elle devient vieille et épaisse, elle sert à recouvrir les cabanes. Autrefois, dans les pays nordiques, on extrayait un sucre de la sève de bouleau, et on en faisait également un vin pétillant et même du vinaigre. Le bouleau est l'arbre des chamans sibériens. Ils l'escaladent pour entrer symboliquement dans le monde des dieux et procéder à de nombreuses guérisons.

Parties utilisées

Les feuilles (de juin à septembre), les bourgeons (de mars à mai), l'écorce, la sève.

Usage interne

En infusion, les jeunes feuilles du bouleau sont un excellent diurétique à utiliser en cas de coliques néphrétiques, de goutte, de rhumatismes, d'albuminurie et d'hydropisie, d'œdème rénal, d'affections du foie, de rétention d'eau, d'obésité, de cellulite, de dermatoses et d'épuration du sang. Les bourgeons seront mis à profit pour les affections du foie et de la vésicule biliaire et contre l'engorgement lymphatique. Ils sont aussi recommandés contre le rhume des foins. L'écorce était utilisée pour son action fébrifuge et dépurative.

Infusion : 30 à 50 g de jeunes feuilles dans 1 litre d'eau. Buvez 3 à 5 tasses par jour entre les repas.

Sève de bouleau : diurétique et dépurative, elle aide à éliminer les toxines, stimule l'organisme et le système immunitaire. En plus de ces propriétés, elle est riche en vitamine C, en minéraux et en oligoéléments.

Usage externe

Sous forme de bains, en faisant une décoction de feuilles, de bourgeons ou d'écorce, pour les maladies de la peau : eczémas, dartres, furoncles, érythèmes. En compresses pour les plaies suppurantes.

Bruyère

La plante des abeilles

Sur le plan médicinal, la bruyère est particulièrement indiquée pour soigner les problèmes d'infections urinaires. Symboliquement, elle nous invite à sortir de la solitude en participant à la vie sociale et à trouver le bien-être au travers des partages et des échanges avec autrui.

Nom latin : *Calluna vulgaris* et *Erica cinerea* (les deux espèces de bruyère utilisées pour leurs propriétés médicinales)
Famille : Éricacées

Description

La bruyère est un petit arbrisseau de 20 à 60 cm de hauteur, qui tapisse les landes et colore le paysage de la couleur mauve de ses fleurs à partir du mois de juillet.

Les fleurs sont petites, en grappes, de couleur violette et rose, à quatre pétales. Certaines variétés de bruyère, plus rares, peuvent avoir des fleurs blanches. Les tiges sont dures, ramifiées et entremêlées les unes dans les autres.

Dans la tradition celtique

Les Celtes préparaient à partir de la bruyère une boisson fermentée très courante : une décoction mélangée à du miel qui, une fois fermentée, était une sorte d'hydromel de bruyère. Le parfum de la bruyère, ainsi que cette boisson, étaient associés à une notion de plaisir pendant la période de fête des récoltes. La bruyère est associée à la joie, à la chaleur, au sens de la communauté.

Voici ce que nous relate Philip Carr-Gomm : « On l'utilisait en porte-bonheur. Ceci pourrait s'expliquer par le lien très fort existant entre la bruyère et les abeilles. Les abeilles symbolisent la célébration et une société florissante ; aussi évoquent-elles chez les humains la joie et le bonheur, notion renforcée par le caractère solaire de ces insectes. »

La bruyère était très utile : elle permettait de faire des toitures (son autre nom est la brande), des paniers, des cordes…

On la mélangeait à la terre pour faire une sorte de torchis et le bois servait de combustible. Certains objets sacrés étaient sculptés dans le bois de bruyère. On s'en servait également pour faire des oreillers ou des matelas qui avaient la réputation de faciliter le sommeil, calmer les douleurs rhumatismales et fortifier les muscles.

Au jardin

La bruyère est un bon couvre-sol.

USAGES ET TRADITIONS

Le bois très dur des bruyères est utilisé pour fabriquer des pipes.
Les abeilles font un excellent miel de bruyère qui est conseillé en cas d'anémie, de grande fatigue ou de troubles intestinaux.
Les bruyères sont utilisées pour teindre la laine (vert, jaune ou violet selon les techniques utilisées).

Croyances

Pour faire pleuvoir, il suffit de faire brûler un fagot de bruyère mélangée à de la fougère. Une bonne averse suivra !

Propriétés médicinales

C'est une plante diurétique aux propriétés antibactériennes et antibiotiques. C'est la reine pour les problèmes d'infections urinaires.

Parties utilisées

Les grappes de fleurs avec les feuilles, récoltées de juillet à octobre.

Usage interne

L'utilisation la plus renommée de la bruyère est comme antiseptique des voies urinaires, pour les cystites, les pyuries, les urétrites, la colibacillose urinaire, l'albuminurie, les œdèmes, les inflammations de la prostate, la goutte et les rhumatismes. Elle est diurétique et dépurative.
Elle diminue la fragilité capillaire.
Décoction : 30 à 50 g de plante par litre d'eau, 4 à 5 tasses par jour.

Camomille romaine

Pour vivre tranquille

Que ce soit la camomille romaine ou la camomille allemande (matricaire), elles ont toutes les deux sensiblement les mêmes propriétés. Pour la seconde, le nom de « matricaire » est lié à ses différentes utilisations sur le plan gynécologique.

Nom latin : *Anthemis nobilis*
Famille : Astéracées ou Composées

Description

C'est une plante annuelle herbacée, très aromatique, à l'odeur de pomme. La camomille romaine pousse à l'état sauvage dans les prairies, les clairières, les friches. Les fleurs blanches au cœur jaune ressemblent à des marguerites en miniature. Elles sont présentes à partir du mois de juin, jusqu'à l'automne.

Dans la tradition celtique

Les qualités de la camomille ont été reconnues depuis très longtemps. Plante solaire, elle faisait partie des plantes que les Celtes récoltaient au moment du solstice d'été. On appréciait la camomille surtout pour son parfum ; on en faisait des bains et des fumigations, reconnus pour leur action calmante. « Pour réconforter le cerveau, hume la camomille », nous dit un vieux dicton écossais. On sait peu de choses sur la façon dont les Celtes se servaient de la camomille, mais on peut imaginer que certains espaces sacrés étaient plantés de camomille, pour que le piétinement, lors des cérémonies, en libère le parfum et les effets calmants et régénérants.

Au jardin

Sa simple présence améliore la santé des plantes. Elle attire les pucerons, ce qui permet aux plantes voisines d'être protégées.

USAGES ET TRADITIONS

Depuis des siècles, on cultive la camomille dans les jardins anglais, elle fait partie des plantes médicinales les plus connues. Les Égyptiens la dédiaient au dieu du soleil, elle symbolisait la vitalité, la régénération.

La camomille aide à lutter contre les insectes, elle peut servir de litière aux animaux contre les puces. Son utilisation en fumigation permet de trouver le sommeil. On l'utilise également pour accéder à un état méditatif et atteindre la paix intérieure. Elle sert à teindre la laine en brun.

Croyances

Il faudrait mettre des fleurs de camomille dans l'eau du bain pour attirer l'amour et l'argent, ou encore se laver les mains avec de la tisane de camomille.

Propriétés médicinales

La camomille trouve son emploi aussi bien en médecine que dans les industries de produits cosmétiques.

Contre-indications

Ne pas dépasser les doses indiquées (risques de vomissements) et ne pas utiliser en cas de grossesse.

Parties utilisées

La fleur, récoltée en juin-juillet. Le séchage est délicat.

Usage interne

La camomille est conseillée en cas de manque d'appétit, intestin irritable, indigestions, crampes d'estomac, spasmes gastro-intestinaux, colites, météorisme, asthénie, fatigue générale, règles douloureuses ou rares, névralgies, asthme, fièvres périodiques, insomnies, anxiété, stress, migraines, anémie, dépression.

Infusion : 1 cuillerée à soupe de fleurs séchées par tasse, 3 tasses par jour.

Usage externe

Sous forme de pommade ou d'huile, la camomille sera bien utile en cas de piqûres d'insectes, plaies, prurit de l'eczéma, irritations anales et vulvaires, ulcères, gerçures, panaris.

En infusion, elle aide à lutter contre la chute des cheveux et les éclaircit. Elle peut également être utilisée comme lotion pour la peau.

En décoction (20 à 30 g pour 1 litre d'eau), on l'utilisera en bains de bouche contre les inflammations buccales, ou en bains d'yeux contre les conjonctivites et les inflammations des paupières.

La camomille peut également être préparée en inhalation contre le catarrhe, le rhume des foins, l'asthme et la bronchite : 2 cuillerées à café de fleurs dans un bol d'eau bouillante.

Consoude officinale

Celle qui ressoude

Comme son nom l'indique, la consoude a toujours eu la réputation de « ressouder » tout ce qui a besoin de l'être...

Nom latin : *Symphytum officinale*
Famille : Boraginacées

Description

C'est une plante velue, aux poils raides. Elle peut atteindre plus de 1 m de hauteur. On la trouve dans presque toute la France, dans les endroits humides (bords de rivières, fossés, prés marécageux).
Les feuilles sont alternes, épaisses, poilues et rêches, crénelées, avec un grand pétiole qui engaine légèrement la tige. La consoude fleurit généralement de mai à juillet. Les tiges florifères sont garnies de clochettes de fleurs qui peuvent être blanches, jaunes, roses ou violettes. Les racines sont charnues et descendent profondément dans la terre.

Risques de confusion

C'est surtout au printemps qu'on risque de faire des confusions qui peuvent être dangereuses avec la digitale. Renseignez-vous bien !

Dans la tradition celtique

La consoude est une plante très ancienne, qui a survécu à plusieurs glaciations. Les Celtes la connaissaient bien pour son pouvoir de consolidation des os et son action anti-inflammatoire.
Symboliquement la consoude représentait la vision d'ensemble, la structuration, les fondations et la fusion. Elle aidait à consolider et solidifier tous les aspects de soi-même et de la vie en général.

USAGES ET TRADITIONS

En Normandie, on appelait la consoude le « tabac sauvage », car on devait faire sécher ses feuilles pour les fumer.

Au jardin

Avec ses racines qui peuvent descendre jusqu'à 2 m de profondeur, la consoude a la faculté de capter de grandes quantités de nutriments, puis de les restituer. On en fait de nombreuses recettes de purins ou d'extraits concentrés qui servent d'engrais et de traitements.
La consoude peut être mise directement au pied des plantations.
Les feuilles de consoude sont un puissant activateur de compost.

Croyances
Porter sur soi des feuilles ou des tiges de consoude porte bonheur et protège les voyageurs des voleurs : on en met dans les valises pour qu'elles ne soient pas volées. Avoir sur soi un morceau de racine de consoude favorise les rentrées d'argent.

Précautions à prendre
La consoude est déconseillée en voie interne en cas de grossesse et d'allaitement. On réservera l'usage de la racine aux applications externes. Les feuilles peuvent être consommées en voie interne, mais pas de manière continue.

Propriétés médicinales
En grec, le nom de la consoude signifie : « je réunis ». La plante a toujours été utilisée pour ressouder en cas de fracture, d'entorse, de déchirure de ligaments musculaires et pour soigner les plaies et les aider à cicatriser. En effet, la consoude contient une substance chimique, l'allantoïne, qui accélère la régénération des cellules.

Contre-indications
On évitera d'en faire une consommation régulière et prolongée.

Parties utilisées
La racine et les feuilles (ces dernières sont moins riches en allantoïne).

Usage interne (avec précaution)
Entérites, diarrhées, dysenterie, ulcères digestifs et gastriques, bronchites.

Usage externe
On utilisait les rhizomes écrasés, les cataplasmes de feuilles ou la pommade de racines de consoude pour cicatriser les plaies et souder les fractures. La pommade à base de racines de consoude est efficace pour les crevasses et les gerçures. Le pouvoir régénérant et cicatrisant de la consoude est très puissant. En lavage ou en cataplasmes pour les plaies, les brûlures, les ulcères, les crevasses, les gerçures, les fissures anales, les entorses.

Gui

Un poison aux vertus magiques

Le gui, par la forme et la couleur de ses fleurs et de ses baies, évoque la fertilité. De cette croyance sont restées les traditions de s'embrasser sous le gui ou bien de s'en offrir, surtout au moment du solstice d'hiver. Ces gestes sont symboles de chance et de fertilité au sens large du terme.

Nom latin : *Viscum album*
Famille : Viscacées

Description

Le gui est un sous-arbrisseau qui, à maturité, forme de grosses boules vertes ou jaunes dans les arbres. Le gui n'a pas de racines, il s'installe dans les arbres (sur des feuillus la plupart du temps, pommiers, peupliers, aubépines...), à l'aide d'un suçoir qui s'enfonce jusqu'au bois, et se ramifie jusqu'à former une boule globuleuse bien visible, qui peut vivre jusqu'à 35 ans et mesurer jusqu'à 1,50 m de diamètre. Le gui reste toujours vert. Les feuilles sont petites, vert jaunâtre, coriaces. La floraison a lieu au début du printemps. Les fleurs sont discrètes, jaunâtres et regroupées en petites inflorescences sur les nœuds des tiges. Les tiges sont rondes, vertes et cassantes. Les fruits sont de petites baies charnues, blanches, à la pulpe translucide, visqueuses et collantes.

Dans la tradition celtique

La présence du gui sur les chênes est extrêmement rare, voilà pourquoi les druides lui accordaient tant de valeur. De par sa couleur toujours verte, il était symbole d'immortalité.
Le gui était également un puissant symbole de protection contre la foudre, les maladies et toutes les influences négatives. En porter sur soi ou bien en mettre sous son lit permettait de bénéficier de son influence protectrice.
On l'appelait le « guérit-tout » car on croyait en son pouvoir de guérison pour beaucoup de maladies. Depuis, Rudolf Steiner a conseillé le gui en traitement du cancer et les recherches actuelles viennent confirmer qu'il contient des principes actifs anticancéreux.
Très associé aux pouvoirs de la Lune, le gui a probablement été utilisé à des fins magiques, dans des breuvages dont seuls les druides avaient le secret, pour en annuler la toxicité.
On utilisait le gui pour soigner l'épilepsie, les crampes et l'hystérie.

Précautions à prendre

Les baies sont toxiques.

USAGES ET TRADITIONS

Le gui n'est pas totalement dépendant de l'arbre qui l'héberge. Il se nourrit de sa sève mais produit lui-même sa propre chlorophylle.

Beaucoup d'oiseaux raffolent des baies du gui et participent ainsi à la dissémination de ses graines en les emportant loin de leur lieu d'origine.

Autrefois, les baies du gui servaient à fabriquer de la glu.

Propriétés médicinales

Étant donné le nombre important de contre-indications et d'effets non désirés que peut entraîner le gui, il est fortement déconseillé de le consommer sans avis ou suivi médical.

Lierre grimpant

La force vitale

Le lierre est l'une des plantes les mieux connues de l'Antiquité ; on la retrouve sculptée sur de nombreux monuments grecs et romains.

Nom latin : *Hedera helix*
Famille : Araliacées

Description

C'est une plante grimpante que l'on trouve dans toute l'Europe, sur les rochers, les murs et en forêt. Les feuilles du lierre sont alternes et persistantes. Les fleurs sont jaunes et disposées en ombelles. La floraison a lieu en septembre-octobre. Les tiges sont des rameaux sarmenteux, grimpants et poilus, munis de crampons ornés de poils ventouses, qui s'accrochent aux supports. Les fruits sont des baies bleu-violet, disposées en grappes, mûrissant en cours d'hiver.

Dans la tradition celtique

Le lierre était déjà présent à l'époque tertiaire. C'est l'une des rares plantes qui a survécu aux ères glaciaires et maintenu son rythme de vie jusqu'à nos jours.

Plante sacrée très respectée des druides, le lierre est un symbole puissant de force vitale et d'énergie. Il peut sembler étonnant que les druides le considéraient comme un arbre, alors que nous le prenons plutôt pour une liane. Pourtant, on a retrouvé des lierres vieux de 500 ans, avec des troncs de 2 m de diamètre. En tant que liane, il peut atteindre 30 m de long.

Les Celtes associaient le lierre à la mort et à la renaissance. Il représente l'immortalité. Il a la vertu d'éloigner les mauvais esprits des lieux environnants. Il est vénéré dans les rituels comme symbole de fidélité et d'attachement éternel. Il représente le lien affectif. Dans les mariages druidiques, on reliait quelquefois les poignets des mariés avec une liane de lierre dans le but de renforcer leur amour.

Il est également utilisé pour pratiquer les prédictions.

Au jardin

Le lierre héberge de minuscules punaises qui ont pour particularité de chasser les pucerons et les psylles, insectes ravageurs du poirier.

Précautions à prendre

Toute la plante est légèrement toxique et ne doit pas être prise en voie interne sans suivi médical. Le contact avec la plante peut provoquer des allergies de contact (rare).

USAGES ET TRADITIONS

Les Grecs, dans l'Antiquité, buvaient du vin dans lequel avaient macéré des feuilles de lierre dans le but de se protéger contre les empoisonnements. On fabriquait également des récipients en bois de lierre pour contenir le vin car on pensait que l'alchimie de ces deux substances évitait les mauvais effets de l'alcool. Bacchus, le dieu du vin, était représenté avec une couronne de lierre sur la tête. Le lierre est souvent associé à la vigne.

Propriétés médicinales

Le lierre grimpant est utilisé uniquement en usage externe, l'usage interne étant réservé à des fabrications pharmaceutiques car il peut être toxique. Il est cicatrisant, apaisant, antidouleur. Il a une action anticellulite.

Contre-indications

Pas d'usage interne sans suivi médical. Sur du long terme, le lierre peut détruire les globules rouges.

Parties utilisées

Les feuilles que l'on récolte en toutes saisons. Attention, certaines personnes sensibles peuvent faire des allergies cutanées.

Usage externe

Les feuilles fraîches s'appliquent en cataplasmes sur les plaies, ulcères, abcès, brûlures, névrites, névralgies, séquelles de phlébite, vergetures, engorgements mammaires, crevasses, gerçures, piqûres d'insectes... La décoction et les feuilles cuites s'utilisent également en cas d'abcès, ulcères et brûlures.

Dans l'eau du bain, le lierre grimpant est un antidouleur recommandé pour les sciatiques, lumbagos, douleurs rhumatismales, douleurs dentaires. Il peut faire baisser la fièvre, soigne les brûlures, être utile en cas d'ulcères, de gonflements et de tuméfactions. Il aide également à faire fondre la cellulite.

Menthe aquatique

La clarté mentale

La menthe aquatique est également appelée menthe à grenouilles. C'est une plante mellifère. Elle était particulièrement appréciée des druides mais d'autres variétés de menthes peuvent convenir aux utilisations citées ici.

Nom latin : *Mentha aquatica*
Famille : Lamiacées

Description

La menthe aquatique est une plante vivace très légèrement poilue qui mesure de 35 à 80 cm de haut. Comme son nom l'indique, vous la trouverez en milieu humide, dans les fossés, en bordure de rivière.

La tige est de section carrée, poilue, dressée avec des feuilles ovales, opposées et dentées en scie. Les feuilles sont très odorantes. La floraison a lieu de juillet à septembre, les fleurs sont roses ou lilas.

USAGES ET TRADITIONS

Nos grands-mères laissaient un bouquet de menthe sur la table avant de partir quelques jours afin d'assainir l'air de la maison et éviter l'odeur de renfermé.

Quelques feuilles de menthe dans un bas permettaient d'éviter les mites.

Dans la tradition celtique

Le nom gaulois de la menthe aurait été *albolon*, ce qui signifie « monde blanc, lumineux... ».

La menthe était très vénérée jadis par les druides car elle permet d'y voir clair, favorise la concentration, améliore la digestion et stimule le mental. Son action sur le système nerveux apaise les psychismes perturbés. Elle faisait partie des herbes sacrées du solstice d'été. On utilisait la menthe pour purifier les lieux chargés d'énergies négatives.

Les Romains la tenaient pour un symbole d'hospitalité.

Les Égyptiens, comme les Grecs ou les Celtes, en déposaient auprès de leurs morts et le druide d'aujourd'hui continue d'en offrir lors des funérailles.

Au jardin

Le purin de menthe aide à se débarrasser des pucerons et des fourmis.

Croyances

Pour nettoyer et purifier un lieu, remplissez un seau d'eau avec de la menthe et trois poignées de sel de mer. Aspergez le lieu avec ce liquide, en insistant sur les coins et recoins. Placez quelques gousses d'ail épluchées dans une soucoupe à côté du seau et laissez agir pendant 24 heures. Puis jetez l'eau dans les toilettes et l'ail dans un compost éloigné de votre maison…

On porte de la menthe au poignet pour s'assurer de ne pas tomber malade.

On utilise la menthe pour des rituels de prospérité et d'abondance. Pour cela, mettez quelques feuilles de menthe fraîche dans votre porte-monnaie.

Disposer quelques feuilles de menthe fraîche dans votre maison fera venir les bons esprits.

Le parfum d'une tige de menthe fraîche apaise le système nerveux. Dans une situation stressante, il peut être judicieux d'en avoir sur soi pour bénéficier des effets de son parfum.

La menthe séchée peut être réduite en poudre. Dans ce cas, on pourra l'utiliser en fumigation ou bien la porter sur soi dans des petits sachets de tissu.

Propriétés médicinales

La menthe est tonique, stimulante, carminative, antispasmodique, aphrodisiaque et fortifiante.

Parties utilisées

Les feuilles, récoltées de juin à septembre ; leur séchage est délicat.

Usage interne

La menthe est efficace pour activer la digestion, expulser les gaz intestinaux, en cas de crampes digestives ou de douleurs de la vésicule biliaire. Elle évite la formation de toxines et empêche la putréfaction des matières intestinales.

Elle combat la mauvaise haleine.

En cas de crise d'asthme, respirez de l'alcool de menthe.

La menthe a une action calmante, tout en étant tonique. On l'utilisera pour la nervosité, l'hépatite virale, les colites spasmodiques, l'entérite, le coryza, la sinusite, les ballonnements, les troubles sympathiques, les migraines, les vomissements nerveux, la goutte, les rhumatismes, le hoquet et le lymphatisme.
Infusion: 15 à 20 g de feuilles séchées pour 1 litre d'eau, 2 à 3 tasses par jour. La menthe s'associe très bien à d'autres plantes.

Usage externe

Les emplâtres ou cataplasmes sont employés sur les seins engorgés, les ecchymoses, les eczémas, la furonculose, les ulcères, les abcès, la gale et les dermatoses.
La menthe a une action analgésique qu'il est bon d'utiliser en cas de mal de dents ou de migraine.
L'huile de menthe, utilisée en frictions est adoucissante, résolutive et fortifiante pour les lumbagos et les douleurs rhumatismales.
L'infusion peut être utilisée comme lotion pour les peaux grasses et acnéiques.
En inhalation, elle décongestionne les muqueuses nasales.

Millepertuis officinal

Le soleil intérieur

Son nom de millepertuis lui vient des nombreux petits trous visibles dans ses feuilles, du vieux français *pertuis* qui signifie trou. On l'appelait chasse-diable, herbe du solstice ou herbe de la Saint-Jean, car les anciens pensaient qu'il était indispensable à son efficacité qu'il soit cueilli ce jour-là.

Nom latin : *Hypericum perforatum*
Famille : Hypericacées ou Clusiacées

Description

Attention, le millepertuis officinal est le millepertuis perforé ; les autres variétés, surtout celles qui sont cultivées, n'ont pas les mêmes actions.

Il n'y a aucun risque de confusion si vous regardez ces deux points importants :

- Par transparence, les feuilles semblent avoir de nombreux petits trous.
- Quand on écrase la fleur entre les doigts, elle laisse un liquide rouge violacé caractéristique.

C'est une plante de prairies et de pâturages bien exposés, elle n'aime pas l'ombre, ni l'humidité.

Ses feuilles sont ovales, piquetées de points rouges translucides et bordées de points noirs. Les glandes translucides donnent l'impression de multiples petits trous, d'où le nom de millepertuis qui, en vieux français, signifie mille trous. Les fleurs jaune doré, à 5 pétales, s'épanouissent pendant tout l'été.

Dans la tradition celtique

Le millepertuis a un pouvoir de protection et de guérison important. Sa seule présence dans un lieu chasse les influences négatives. Les fumigations de millepertuis séché purifient et protègent les lieux d'habitation.

Il est associé au rite du solstice d'été et censé écarter le mauvais œil. Il fait partie des plantes magiques que l'on récoltait au moment du solstice. On en faisait des bouquets de protection qu'on accrochait sur les avant-toits des maisons pour se protéger de la foudre et chasser les mauvais esprits. Traditionnellement, le millepertuis est associé au soleil, à l'élément feu, à la protection, la joie et la santé.

Plante du solstice d'été par excellence, elle est porteuse de lumière. Sa qualité solaire est un bienfait extraordinaire pour lutter contre les maux d'esprit de l'hiver : dépression, stress, système nerveux fragilisé, angoisses, boulimie, troubles de l'humeur… D'où son appellation de « chasse-démon ». Les études actuelles sont venues confirmer ces utilisations traditionnelles.

Au jardin

Le millepertuis n'a pas d'utilisation connue en jardinage mais il participe à la biodiversité car les oiseaux sont friands de ses graines.

Précautions à prendre

C'est une plante photosensibilisante, qui peut provoquer des allergies à fortes doses, accentuées par l'exposition de la peau au soleil. Prenez garde lors de la cueillette.

Propriétés médicinales

C'est la plante pacificatrice de la nuit ! On sait maintenant que, grâce à sa richesse exceptionnelle en mélatonine, elle harmonise, apaise et, d'une manière générale, permet de réguler nos cycles et de calmer les cauchemars.

Contre-indications

Les propriétés thérapeutiques de cette plante sont innombrables, mais il ne faut pas dépasser les doses recommandées car cela peut provoquer des réactions allergiques. L'huile étant photosensible, on évitera de s'en mettre sur le corps avant une exposition au soleil.

Il est déconseillé de prendre du millepertuis en complément d'autres traitements, sans avis médical, car son action sur le foie altère l'efficacité de la plupart des médicaments.

Son utilisation est déconseillée aux femmes enceintes et allaitantes, ainsi qu'aux enfants en bas âge.

USAGES ET TRADITIONS

Les Celtes utilisaient la racine de millepertuis pour teindre leurs vêtements en jaune, le restant de la plante ayant tendance à colorer en rouge. On peut même obtenir des nuances de vert après un savant travail de mélange.
Paracelse le comparait au soleil qui illumine toute chose.

Parties utilisées

Les sommités fleuries, à récolter avant leur complet épanouissement.

Usage interne

On utilise le millepertuis en cas d'affections pulmonaires chroniques, bronchites, artérite oblitérante, troubles hépatiques et circulatoires, asthme, phtisie, hémoptysie, cystites.
C'est un antiviral pour l'herpès, la varicelle, le zona.
Récemment on a découvert son action sur les dépressions nerveuses, les troubles nerveux de toutes sortes, les blessures dues à des chocs, les névralgies du trijumeau, les névrites, les insomnies.
On l'appelle le « Prozac naturel ». C'est également un tonique restaurateur nerveux, surtout lors de la ménopause.
Infusion ou décoction : 15 à 20 g par litre, 2 à 4 tasses par jour.

Usage externe

C'est sous forme d'huile que le millepertuis est utilisé pour les douleurs rhumatismales, les sciatiques, les tendinites, les torticolis, les luxations, les ulcères, les crises de goutte, les coups, les ecchymoses, l'eczéma, les lumbagos, les piqûres d'insectes, les ulcères variqueux, les algies, les plaies, les brûlures, les hématomes, les coupures et les contusions.
La pommade est recommandée en cas de douleurs nerveuses, d'engorgement mammaire.
L'infusion est recommandée comme lotion pour les peaux grasses et acnéiques.

Ortie piquante

Un trésor dans notre jardin

Il existe cinq espèces d'orties en France, mais nous nous intéresserons uniquement à la grande ortie, la plus commune en France et celle que nous connaissons le mieux.

Nom latin : *Urtica dioica*
Famille : Urticacées

Description

Cette plante pousse sur les sols riches en humus (fossés, jardins). Toute la plante est couverte de petits poils urticants.

Dans la tradition celtique

Plante de feu, l'ortie symbolise la force, l'énergie et le courage. Malgré son aspect rugueux et irritant, c'est une plante d'une grande générosité, offrant la nourriture aux hommes et aux animaux, des vêtements, des remèdes. Elle est vénérée par les peuples celtes, symbolisant la foi et la persévérance qui nous sont nécessaires pour aller au-delà des apparences, nous donnant alors accès à des trésors cachés.
L'ortie s'est progressivement installée dans les clairières, permettant grâce à sa fibre extrêmement solide, de fabriquer des cordes, des nasses et des tissus.

USAGES ET TRADITIONS

Depuis très longtemps, la fibre d'ortie est utilisée pour faire du tissu (proche du chanvre). Les momies égyptiennes étaient entourées de bandelettes tissées de fibre d'ortie, et c'est sans doute grâce aux qualités de cette matière que les momies se sont conservées si longtemps. On y reviendra peut-être mais, actuellement, le travail de la fibre d'ortie étant difficile à mécaniser, personne n'y a plus recours. L'ortie serait une plante adaptogène : elle aiderait le corps à s'adapter aux différents stress environnementaux et psychologiques.

Au jardin

L'ortie pousse autour des maisons dans les endroits où l'homme a vécu. C'est un signe de bonne santé du sol, elle régularise le fer et l'azote. Elle semble transformer les ondes négatives et assainir les terres. Elle aide à protéger les tomates et les pommes de terre contre le mildiou. Le voisinage de l'ortie augmente la teneur en huile essentielle des plantes médicinales. Le suc de ces plantes voisines s'altère moins vite.

Elle favorise la transformation des déchets en humus lorsqu'elle est ajoutée au compost (avant la floraison). En couverture, elle protège et nourrit le sol. Le purin d'orties est un engrais efficace, riche en azote, en éléments organiques, en minéraux et en oligoéléments. Il est préventif contre le mildiou, la rouille, l'oïdium. C'est un répulsif des acariens et des pucerons.

Croyances

Porter un petit sachet d'ortie sur soi ou bien en répandre autour de sa maison permet d'être protégé des énergies négatives. Pour accélérer la guérison, il est conseillé de mettre un bouquet d'orties fraîches sous le lit du malade. La plante est utilisée pour les bains de purification. Elle aide également à chasser la peur.

Précautions à prendre

On préférera consommer les jeunes pousses d'ortie car, en vieillissant, la plante se charge en minéraux et peut provoquer des blocages rénaux auxquels certains peuvent être sensibles.

La consommation d'orties peut entraîner des éruptions cutanées chez les personnes hypersensibles.

Propriétés médicinales

L'ortie est l'une des plantes médicinales les plus efficaces que nous possédons et l'une des plus communes également. Elle est antianémique, diurétique, hémostatique, dépurative, galactogène, cholagogue. Elle régénère le sang, a un effet reminéralisant.

Elle stimule les fonctions digestives et aide au traitement du diabète. Elle lutte contre la fatigue et régularise le sommeil. Elle améliore la concentration et réduit l'anxiété et la déprime.

C'est une des meilleures sources de chlorophylle, ce qui lui donne le pouvoir d'assainir le milieu intestinal. Elle est fortifiante pour les périodes de convalescence ou les maladies chroniques.

Contre-indications

L'ortie ne doit pas être consommée en cas d'œdème par rétention due à une insuffisance cardiaque ou rénale.

Pendant la grossesse, évitez l'ortie crue. En cas de traitement médicamenteux, elle peut accentuer ou ralentir les effets de certains produits. Par exemple, dans le cas des anti-inflammatoires, l'ortie multiplierait les effets et, au contraire, en cas de traitement avec des fluidifiants sanguins ou du lithium, elle en diminuerait les effets.

Parties utilisées

On utilise la plante entière. Attention à l'utilisation des graines, elles peuvent être toxiques au-delà d'une certaine quantité !

Usage interne

L'ortie est recommandée en cas de diabète, anémie, hépatites, hémorragies utérines, hémoptysie, goutte, rhumatismes, diarrhées, arthrose, calculs rénaux et urinaires, maladies des reins, troubles du foie et de la rate, ulcères d'estomac et intestinaux. Elle fait baisser le taux de glycémie. Très riche en minéraux et en vitamines, elle est fortifiante et dépurative. Elle éclaircit le teint et efface les éruptions cutanées. Elle favorise les échanges métaboliques, stimule les glandes endocrines et la production de globules rouges. Elle est utile en cas de maladies virales et pour éliminer les bactéries. Il est particulièrement conseillé d'utiliser les jeunes pousses d'ortie au printemps pour faire une cure de détoxication (2 litres par jour, à boire par gorgées). Crues et hachées finement, les pousses seront utiles aussi pour la prévention de l'ostéoporose, si possible en synergie avec des algues fraîches.
Infusion : 20 g par litre. On peut en boire jusqu'à 1 litre par jour.

Usage externe

En décoction, 30 à 60 g de plante par litre. Angines (gargarismes), affections des gencives, nettoyage des affections de la peau (eczémas, acné, herpès). Pour les douleurs rhumatismales et améliorer la circulation du sang, certaines personnes courageuses se frottent la peau avec un bouquet d'orties. Elle est couramment utilisée pour l'hygiène et la vitalité du cuir chevelu, pour stopper la chute des cheveux et supprimer les pellicules.

Plantain lancéolé

L'herbe aux cinq coutures

C'est la variété de plantain que l'on retiendra pour l'usage médicinal avec le grand plantain. « Et puisque c'est comme ça, je resterai "planté" là, dit un jour le plantain ! » Ainsi, plus vous le piétinez, plus vous roulez dessus, et plus il repousse... C'est de cette manière que, face à l'indifférence des hommes, il résiste et espère nous ouvrir les yeux pour nous faire accéder à ses nombreuses richesses.

Nom latin : *Plantago lanceolata*
Famille : Plantaginacées

Description

C'est une plante vivace, très commune car elle s'adapte à tous types de sol. On dit qu'elle pousse beaucoup dans les endroits souvent piétinés, ou quand le terrain est régulièrement tassé par le passage de voitures ou d'engins motorisés. Le plantain apprécie une exposition ensoleillée ou à mi-ombre. On le trouve un peu partout, dans le jardin, les cours de maison, les chemins.

Les feuilles sont disposées en rosette. Elles sont en forme de fer de lance (d'où le nom lancéolé). Sur l'envers de la feuille on distingue particulièrement les nervures saillantes et parallèles les unes aux autres. Les nervures sont souvent au nombre de cinq, d'où le surnom de cette plante appelée « l'herbe aux cinq coutures ». La floraison s'étale de mai à novembre. Ce sont des fleurs blanches, minuscules, aux longues étamines vertes, sur un épi. La hauteur des tiges peut atteindre 40 à 50 cm.

Dans la tradition celtique

En Grande-Bretagne, on appelait le plantain « la harpe des anges » en raison de la forme de ses feuilles.

Les druides connaissaient bien le plantain et l'utilisaient pour se soigner et probablement également pour se nourrir. Pour calmer les inflammations, ils utilisaient une lotion à base de plantain, de chèvrefeuille et d'autres plantes.

Le plantain fait partie du « charme des neuf plantes », comprenant également l'armoise, la cardamine hérissée (cressonnette), le pied de coq, la camomille, l'ortie, la pomme sauvage, le thym et le fenouil.

Il symbolise l'intelligence de la mère nature, qui dépose à nos pieds ce dont nous avons besoin. Loin de se laisser perturber par le fait qu'on le piétine et qu'on lui marche dessus (c'est une belle leçon de vie !), il développe une force plus grande encore. Ainsi, il nous invite à prendre notre place quoiqu'il se passe. Le druide Philip Carr-Gomm nous dit que plus le plantain est piétiné, plus il renferme des ingrédients apaisants dans ses feuilles et que, si dure que soit la vie, il nous montre que la guérison vient de l'intérieur.

Au jardin

Il y a peu d'informations concernant l'utilisation du plantain dans le jardinage. Il participe à l'équilibre de votre jardin en attirant de nombreux insectes et oiseaux.
Le purin de plantain stimule la croissance des plantes.

Croyances

On dit qu'il suffit de mettre des feuilles de plantain sous sa semelle gauche, avec trois grains de sel, pour devenir invisible.
Les belettes se rouleraient dans le plantain pour s'immuniser avant d'affronter un serpent.

Précautions à prendre

Certaines personnes peuvent avoir des réactions allergiques.

Propriétés médicinales

Pour les usages qui vont suivre, nous retiendrons les deux variétés suivantes : le plantain lancéolé et le grand plantain.

Contre-indications

Le plantain est déconseillé aux femmes enceintes.

Parties utilisées

Feuilles et racines récoltées de mai à septembre ou plante entière.

USAGES ET TRADITIONS

La feuille du grand plantain ressemble un peu à l'empreinte de la plante d'un pied humain, d'où son nom. Aucun rapport, bien sûr, avec la banane plantain. Le psyllium est une variété de plantain dont les graines permettent de combattre la constipation ; il est cultivé à cet effet.
Les oiseaux sont très friands des graines de plantain.

Usage interne

Le plantain est un adoucissant des voies respiratoires qui a des propriétés antiallergiques, conseillé pour la bronchite, l'asthme, le rhume des foins, la sinusite, la rhinite, la toux, la pharyngite, la laryngite, la tuberculose.

Il est aussi recommandé en cas de maladie du foie ou de la vessie, de faiblesse générale, d'hémophilie, de diarrhée.

On l'utilisera également en cas d'anémie, de fatigue ou d'asthénie.

À faible dose la plante est antidiarrhéique, et elle devient laxative à forte dose.

Pour les enfants incontinents, la tisane ou la consommation de salades de plantain est recommandée.

On utilise souvent le plantain sous forme de sirop pour les problèmes pulmonaires.

Les graines peuvent servir de laxatif et de diurétique.

Décoction : 30 à 60 g de feuilles par litre d'eau, à prendre par voie interne ou en gargarisme.

Usage externe

Le suc du plantain, la pommade, ou les feuilles broyées en cataplasmes servent à guérir les panaris, les brûlures, les ulcères, les plaies enflammées, les dartres, les ampoules, les furoncles et les dermatoses. Elles aideraient à arrêter les saignements.

Pour les yeux malades, on utilisera la plante en bains d'yeux, comme le bleuet.

Les feuilles froissées apaisent les piqûres d'insectes, les morsures d'animaux ou de serpents.

Les feuilles fraîchement broyées peuvent aider à guérir les goitres, certaines tumeurs et les thromboses.

Reine-des-Prés

Un parfum d'amande

C'est l'une des trois plantes des druides les plus sacrées avec la menthe aquatique et la verveine. Elle offre de nombreux pouvoirs bénéfiques en magie : amour, divination, paix, joie, rêves, bonheur et harmonie...

Nom latin : *Filipendula ulmaria*
Famille : Rosacées

Description

C'est une plante vivace d'environ 1 m, pouvant parfois atteindre 2 m, à fleurs blanches. Elle possède de grandes feuilles pointues et dentées. Elle préfère les prairies humides, les fossés, les sources, les endroits lumineux, les terres argileuses et riches en nutriments. La floraison a lieu entre juin et août. Les fleurs ont un parfum subtil, ressemblant à celui de l'amande. Elles sont de couleur blanc crème, mesurent de 4 à 8 mm de diamètre, disposées en larges grappes, denses, ramifiées et mousseuses. Les tiges sont grandes, ramifiées, de couleur rougeâtre.

Dans la tradition celtique

On place la reine-des-prés fraîche sur l'autel pour les rituels d'amour et on l'emploie également séchée dans diverses préparations autour de l'amour. Elle est également employée durant les funérailles, car c'est la plante idéale pour faciliter les passages, accompagner le changement, les transitions, les initiations... On a retrouvé sa trace sur d'anciens sites où elle servait d'offrande dans les sépultures. Son parfum d'amande pourrait même parfois favoriser un sommeil si profond qu'on n'en revient pas. L'hydromel, la boisson des druides, était quelquefois parfumé avec la reine-des-prés.

Propriétés médicinales

C'est de la reine-des-prés (et du saule) qu'ont été extraits les premiers acides salicyliques qui devaient donner l'aspirine. C'est une aspirine naturelle, mais également un diurétique très puissant. Ses vertus thérapeutiques sont connues depuis le temps des pharaons. Ce sont surtout ses fleurs qui sont utilisées comme antidouleur.

Contre-indications

La reine-des-prés est contre-indiquée aux personnes qui ne supportent pas l'aspirine.

Parties utilisées

Toute la plante, même la racine. On récolte les sommités fleuries de juin à août, avant leur complet épanouissement, mais toutes les parties de la plante ont des pouvoirs identiques.

USAGES ET TRADITIONS

Elle était autrefois particulièrement appréciée des magiciens qui en respiraient les effluves pour se dédoubler.
On la répandait autour des habitations pour conserver la paix au foyer.
Son parfum encourage le cœur et l'on s'en servait autrefois pour parfumer les bouquets offerts aux jeunes mariés.
Dans la pharmacopée traditionnelle, on en fait d'efficaces infusions contre les reflux et les aigreurs d'estomac.
Le parfum de la reine-des-prés est très aromatique. Elle était jadis utilisée pour parfumer la bière, l'hydromel ou le vin.
Dans les pays scandinaves, on ajoute ses fleurs au vin ou à la bière pour les parfumer (parfum d'amande).

Usage interne

C'est le remède spécifique des rhumatismes, de la goutte et des rétentions de liquides, à utiliser en cas d'arthrite, rhumatisme articulaire, œdème des membres, hydropisie, cellulite et aussi affections des voies urinaires, obésité graisseuse, hydarthrose, oligurie, lithiase urinaire, insuffisance biliaire, diarrhées… Il est recommandé de l'associer à la menthe, au cassis, au frêne et au romarin pour obtenir des effets plus spectaculaires dans ces affections. Elle soulage également les douleurs, les fièvres, les névralgies, l'inflammation des voies digestives, l'ascite, les morsures de serpent et les douleurs d'estomac.
La reine-des-prés accompagne souvent les cures d'amincissement en tant que plante dépurative et diurétique.
Infusion : 20 à 30 g de plante sèche par litre d'eau, 1 cuillerée à café de fleurs ou fleurs et feuilles mélangées par tasse. Ne faites surtout jamais bouillir (moins de 90 °C). Buvez 3 à 5 tasses par jour.

Usage externe

On appliquera directement une feuille de reine-des-prés sur une plaie pour en accélérer la cicatrisation.

Ronce

Un refuge pour les animaux

La ronce abrite et nourrit une faune très riche. Il en existe de nombreuses variétés mais toutes possèdent les mêmes propriétés.

Nom latin : *Rubus fruticosus*
Famille : Rosacées

Description

La ronce est envahissante et vivace. Elle forme des fourrés impénétrables appelés ronciers, qui servent de refuge à de nombreux animaux. C'est une plante très commune en France, qui pousse dans les haies, les lisières de forêts, les bois.

Les fleurs sont blanches ou roses, de 2 à 3 cm de diamètre. Les tiges de ronces sont épineuses. Elles sont arquées, pouvant atteindre 3 à 4 m de longueur, et s'enracinent par marcottage, formant ainsi de nouvelles tiges qui envahissent rapidement l'espace.

Les fruits, appelés mûres, sont d'abord rouges, puis noir bleuâtre à maturité au mois d'août ou de septembre.

Dans la tradition celtique

Pour les druides, le vin de mûres était fabriqué à l'automne. Tout comme le vin de raisin, c'était une boisson sacrée qui aidait à lever les inhibitions, à développer l'intuition et à faire des prophéties.

D'une manière générale, les qualités de la ronce sont sensiblement semblables à celles de la vigne, citées un peu plus loin dans cet ouvrage.

La ronce, épineuse et peu avenante, nous enseigne la patience dont nous devons faire preuve pour cueillir ses fruits, tout comme dans la vie pour récolter le fruit de nos expériences.

La ronce représente la protection, la force défensive, la ténacité, la fertilité.

USAGES ET TRADITIONS

Les bourgeons de ronce sont comestibles, d'un goût légèrement semblable au champignon, et peuvent se mélanger à des salades complètes ou des salades de fruits.

La ronce peut servir de cordage très solide. Il suffit pour cela de la débarrasser de ses épines et de la fendre en quatre. Ensuite, on la fait tremper pour pouvoir la tresser. Elle sert également à faire des paniers ou des corbeilles.

Les mûres ont des propriétés toniques et fortifiantes.